ハヤカワ文庫 NF
〈NF378〉

ハーバード白熱教室講義録＋東大特別授業
〔上〕

マイケル・サンデル
NHK「ハーバード白熱教室」制作チーム・小林正弥・杉田晶子訳

早川書房
6982

JUSTICE WITH MICHAEL SANDEL
AND SPECIAL LECTURE IN TOKYO UNIVERSITY

by

Michael J. Sandel

Translated by
NHK,
Masaya Kobayashi,
Akiko Sugita
Published 2012 in Japan by
HAYAKAWA PUBLISHING, INC.
This book is published in Japan by
arrangement with
MICHAEL J. SANDEL
through THE ENGLISH AGENCY (JAPAN) LTD.

目　次

下巻　目　次

ハーバード白熱教室講義録
＋東大特別授業
〔上〕

本書を読むにあたって

本書を手にする方の中には、NHKで放送された「ハーバード白熱教室」(二〇一〇年四月四日〜一二回シリーズ)をご覧になった方も多いだろう。ハーバード大学の世界的な政治哲学者マイケル・サンデル教授の講義「正義」が放映され、大人気を博した。本書の中心はその翻訳(台本)であり、番組の臨場感が生き生きと伝わってくる。ハーバード講義は二〇〇五年秋学期に収録されて、もともとはアメリカのPBSで二〇〇九年九月二〇日から一二回シリーズとして放送された。番組はDVDとしてNHKエンタープライズから発行された(二〇一〇年一二月)。

この講義をもとにして、サンデル教授は一般向けの著作を執筆して二〇〇九年に刊行し、日本では『これからの「正義」の話をしよう』(早川書房、二〇一〇年)として出版され、学問的著作としては類い稀なベストセラーとなった。

この二つの間には背景に重要な相違がある。『これからの「正義」の話をしよう』が刊行された時点ではオバマ政権が成立していたのに対し、本書の講義が行なわれたのはブッシュ政権下であり、その開始した戦争状況の緊迫感が本書にも反映している。両者にはこの背景の相違が非常に興味深い形で現れており、関心をお持ちの方々には両者を読み比べることを勧めたい。

そして、サンデル教授は二〇一〇年八月末に来日され、二五日に東京大学安田講堂で対話型講義を行ない、ＮＨＫで二〇一〇年一〇月三日、一〇日に放送された。その翻訳・記録（台本）も本書にあわせて収録されている。

出版にあたっては、一二回の講義の解説（小林正弥）を中心に、必要最低限の加筆修正を行なった。特に、放映に際しては視聴者に可能な限りわかりやすくするために、説明を補ったり学術用語を平易な言葉に置き換えたりした場合もある。そこで、本書では必要な場合には原語は（）、学術用語および補足などは［］で示した。

小林正弥（千葉大学法経学部教授）

※講義で言及されている課題の各種文献は、Michael J. Sandel, ed. *Justice: A Reader* (Oxford University Press, 2007）に収録されている。

私たちの通うハーバード大学。その歴史は、アメリカの建国よりも古く、一六三〇年代までさかのぼります。ここに一〇〇〇人を超す学生が詰めかける人気の授業があります。

マイケル・サンデル教授の「政治哲学」の講義です。

これまで「授業は非公開」としてきた大学が、あまりの人気ぶりから、公開に踏み切りました。

ハーバードの授業がメディアに登場するのは初めてのことです。

マイケル・サンデル教授――

「哲学と聞いただけで『難しそう』なんて言わないで。哲学は、ごく身近な設問から深めていくことができるんです。一二回にわたってご覧いただく講義のテーマは、『Justice（ジャスティス、正義）』についてです。毎回二コマの講義を通じて、正義とは何か、日常の誰にでも起こり得ることの中から考えていきます」

第1回　殺人に正義はあるか

レクチャー1
犠牲になる命を選べるか

（サンデル教授登場、拍手）

サンデル　この講義は「正義」について考える。まず、この話から始めよう。

君は路面電車の運転手で、時速一〇〇キロの猛スピードで走っている。君は、行く手に五人の労働者がいることに気づいて電車を止めようとするが、ブレーキが利かない。君は絶望する。そのまま進んで五人の労働者に突っ込めば、五人とも死んでしまうからだ。ここでは、それは確実なことだと仮定しよう。君は「何もできない」と諦めかける。が、そのとき、脇に逸《そ》れる線路＝待避線があることに気づく。しかしそこにも働いている人が一人いる。ブレーキは利かないがハンドルは利くので、ハンドルを切って脇の線路に入れば、一人は殺してしまうけれども、五人は助けることができる。

ここで最初の質問だ。正しい行ないはどちらか。君ならどうする？　多数決を取ってみよう。ハンドルを切って避《よ》けるという人は？　手を挙げて。では、曲がらずに直進するという人？

直進するという人は手を挙げたままで。ごく少数の人だけだね。大多数の人は脇に逸れる。じゃあ、なぜそうするのが正しいと考えるのか、理由を聞いていこう。多数派から始めよう。なぜ直進せず、脇に逸れようとするのか。なぜそうするのか。その理由は何か。誰か理由を説明してくれる人？　さあ、立って。

女子学生1　一人を殺せばすむところを、五人も殺すのは正しくないからです。

サンデル　一人を殺せばすむところを、五人も殺すのは正しくない（一同笑）。確かに、いい理由だ（一同笑）。

ほかには？　みんな、この理由に賛成かな？

男子学生1　九・一一同時多発テロ事件と同じです。ワシントンに向かった飛行機の乗客は、地上で犠牲になる人より、数が少ない自分たち乗客が犠牲になることを選んだから、ヒーローなんです。

サンデル　そこにある原理は、同時多発テロの場合と同じだということだね。悲劇的な状況だが、五人が助かるなら一人を殺すほうがいいということだ。この意見がほとんど

かな？
　では少数派の意見を聞いてみよう。ハンドルを切らない理由は何かな？
男子学生２　これは大虐殺や全体主義を正当化する心理と同じです。ある人種を残すために他の人種を消滅させるんです。
サンデル　では君は、身の毛もよだつ大虐殺を避けたいがために、まっすぐ突っ込んで行って五人を殺すってことかな？（一同笑）
男子学生２　はい、たぶん……（一同笑）。
サンデル　突っ込む？
男子学生２　はい。
サンデル　オーケー、ほかには？　今のは勇気ある答えだったな。では、路面電車の別のケースを考えてみよう。こっちのケースでも、五人を助けられるなら一人が死んでも仕方ないという原理を、みんなが支持し続けるかどうか見てみよう。
　今度は、君は路面電車の運転手ではなく、傍観者だ。電車の線路の上に掛かる橋にいて、見下ろしていると電車がくるのが見えた。線路の先には五人の労働者がいる。ブレーキは利かない。このままだと電車は猛スピードで五人に突っ込み、五人は死ぬ。今回は、君は運転手ではない。何も出来ないと諦めかけたとき、自分の隣に、橋から身を乗り出しているものすごく太った一人の男がいることに気づく（一同笑）。もし君が、この太った男を突き落とせば……（一同笑）彼は橋から走ってくる電車の前に落ちる。彼は死ぬが、五人を助けることができる。さて、彼を橋から突き落とすという人は？　手を挙げて（一同笑）。

じゃあ突き落とさない人？　突き落とさないという人がほとんどだ。

さあ、ここで質問だ。「一人を犠牲にしても五人の命を助けたほうがいい」という原理はどうなったんだ。さっきはほとんど全員が賛成した原理はどうなったのかな？　どちらのケースでも多数派だった人の意見を聞きたい。どうやってこの二つの違いを説明するのか？

男子学生3　二番目のケースでは、人を突き落とすという能動的な選択を行なわなければなりません。僕が突き落とさなければ、彼は、その状況とはまったく関係がなかったはずで、僕が彼を突き落とすという選択をしたせいで、関係なかったはずの状況に彼を関わらせることになります。最初のケースは、運転手と五人と一人という三者の関係性だけでしたけど、今回はそれに別の要素が加わっていると思います。

サンデル　でも、待避線の男だって、太った男と同じに、自分の命を犠牲にすることを自分で選んだわけじゃないよね？

男子学生３　そのとおりです。でも線路の上にいた……。

サンデル　こっちの男は橋の上にいた！（男子学生３＆一同笑）後でまた意見を言ってくれ。これは難しい質問だ。君の意見はすごくよかったよ。この二つのケースで、多数派が矛盾した答えを選んだ理由が分かる人は？　誰か？　君！

アンドルー　最初のケースでは、一人が死ぬか五人が死ぬかを選ばなければならないわけで、その結果人は死にますが、死ぬのは電車が原因であって、自分が手を下したせいではないし、電車のブレーキは利かないうえ、一瞬でどちらか選ばなければなりません。でも太った男を突き落とすのは殺人行為です。突き落とすか落とさないかは自分の選択だけど、電車の暴走は自分が選んだことじゃない。だから状況が違います。

サンデル　いまの意見に対して反論がある人は？　いい意見だったが、いまの意見が正解だろうか？

女子学生２　それは違うと思います。どっちにしても、死ぬ人を選ばなければいけないのは同じです。ハンドルを切って一人を殺すのも自分の意思による行為だし、太った男を突き落とすのも自分の意思による行為です。いずれも、自分の選択であることに変わりはありません。

サンデル　反論があるかな？

アンドルー それはちょっと違うと思います。やはり、実際に線路に突き落として殺すという行為だと、自分が直《じか》に殺すことになるから……。
サンデル 自分で手を下すからね。
アンドルー そうです。運転していたら、それが人に死をもたらしたというのとは違います。不謹慎かもしれませんが……（一同笑）。
サンデル いや、いい意見だ。君の名前は？
アンドルー アンドルー。
サンデル アンドルー。じゃあもう一つ質問だ。橋の上で太った男の隣にいるのは同じだが、突き落とさなくてもいいと仮定しよう。彼は落とし穴の上に立っていて、君はハンドルを回すと彼を落とせるとしよう（一同笑、拍手）。ハンドルを回すかい？
アンドルー いや、それはさらにしてはいけないことのように思います。
サンデル そうか。
アンドルー 偶然ハンドルによりかかったら回っちゃった、とかならいいけど……（一同笑）。

あるいは、電車が落とし穴のスイッチに向かって突進しているとかなら、納得できますけど……。

サンデル　よろしい。やはり抵抗があるんだね？　最初のケースではハンドルを切るのは抵抗がなかったけれども……。

アンドルー　最初のケースでは初めから状況の当事者だけど、このケースでは傍観者なわけです。男を突き落として初めて当事者になるわけで……。

サンデル　よーし。じゃあ、このケースはしばらく脇に置いておいて、違うパターンを考えよう。

今度は、君は緊急救命室の医者だと仮定しよう。そこへ六人の患者がやってくる。彼らはひどい路面電車の事故に遭ったんだ（一同笑）。

うち五人は中程度の怪我をしている。一人は重傷だ。重症患者に一日中かかりきりで手当てをすれば助かるが、その場合、五人は死ぬ。逆に中程度の五人の手当てをすれば五人は助かるが、その間に重症患者は亡くなる。医者として五人を助けるという人？　では、一人を助ける人？

とても少ない。一握りの人だけだ。同じ理由だろうね。一人の命対五人の命だ。

では、別の医者のケースだ。今度は君は移植医で、生きるためには臓器移植がどうしても必要な五人の患者を抱えている。五人はそれぞれ、心臓、肺、腎臓、肝臓を必要としている。最後の一人はすい臓だ。そして、臓器のドナーはいない。君は五人の死を目前にしている。

そのとき君は、隣の部屋に健康診断を受けに来た一人の健康な男がいるのを思い出す！（一同笑）

彼は……（笑って、一人の学生を指す）。受けてるねェ。彼は昼寝をしている（一同笑）。

そっと部屋に忍び込んで、五つの臓器を抜き取れば、その人は死ぬが、五人を助けられる。自分ならそうするという人？（一同笑）いるかな？ そうする人は手を挙げて。

男子学生4 僕はそうします。

サンデル 本当にそうするのかな？ 気をつけて、乗り出して落ちないように（一同笑）。

そうはしないという人？ よーし。じゃあ意見を聞こう。上にいる、健康な人から臓器を抜き取ろうという君。理由は？

男子学生4 僕は違う可能性に賭けたいです。臓器が必要な五人のうち最初に亡くなった人の四つの臓器を使って、残りの四人を助けるんです（一同笑）。

サンデル それは名案だ。実に素晴らしい。ただ一つの難点は、私の設定した哲学的な問題を台無しにしてしまったところだ（一同笑）。

　さて、今までの話や議論から一歩離れて、議論が展開してきた方向について明らかになったいくつかの点を見ていこう。今までの討論から道徳の原理がいくつかその姿を見せ始めている。これらの道徳原理がどのようなものか考えてみよう。討論から出てきた最初の道徳原理は、「何をするのが正しくて道徳的か、ということは、行動の結果として生じる帰結で決まる」ということだ。つまり、帰結がよければいいわけだ。一人が死ななければならないとしても、五人が助かるほうがいい。これが、帰結主義的な道徳的論法（consequential moral reasoning）の例だ。

　帰結主義者は行為の帰結に道徳性を求める。つまり、あなたがすることの結果として生じる世界の状態に道徳性を求めるのだ。しかし、もう一歩進んで考えてみたところ、別のパターンでは、帰結主義的な論法にはそれほど賛同しない人が多かった。ほとんどの人が、橋から太った男を突き落としたり、何の罪もない患者から臓器を取り出したりすることにはためらいを覚えた。ためらう理由は、行為の帰結とは関係なく、行為の本質に関係があるようだったね。たとえ五人を助けるためであっても何の罪もない人を一人殺すのは、定言的[1]に〔無条件に categorical〕間違っていると考えた。少なくとも、例として挙げた話の二番目のケースでは、定言的に間違っていると考えた。

　これは、道徳を考える際には、定言的な考え方もあるということを示している。定言的な考え方では、帰結がどうあれ、ある種の絶対的な道徳的要請や義務や権利の中に道徳性を求める。今後の講義では、帰結主義的道徳原理と定言的な道徳原理[2]との間の対比を見ていく。帰結主義的な道徳理論で最も影響力のある例は、一八世紀のイギリスの政治哲学者ジェレミー・ベンサム[3]が生み出した功利主義だ。

一方、定言的な道徳理論の最も重要な哲学者は、一八世紀のドイツの哲学者、イマヌエル・カント[4]だ。この講義では、この二つの異なる道徳理論の論じ方を学び、評価すると同時に、他の論じ方も見ていく。

私のこの講義では数多くの名著を読んでいく。アリストテレス、ジョン・ロック、イマヌエル・カント、ジョン・スチュアート・ミルらの著作だ。本を読むだけではない。哲学的問題を提起する現代政治や法律の議論も取り上げる。平等と不平等、アファーマティブ・アクション（積極的差別是正措置）、言論の自由対憎悪発言、同性どうしの結婚、徴兵制など、一連の時事問題についても議論していく。なぜか？

過去の抽象的な名著をよみがえらせるだけではなく、哲学のために、私たちの日常生活および政治的生活における哲学的な問題を明確にするためだ。だから、これらの本を読み、問題を議論し、これらの本と問題がどのように相互に明らかにし合い啓発し合うかを見ていこう。

楽しそうに聞こえるかもしれないが、ここで一つ警告しておこう。どんな警告かというと、これらの本を自己認識におけるエクササイズ、自分をより深く理解するための訓練として読むことには、ある種のリスクがあるということだ。リスクには個人的なリスクと政治的なリスクの両方があるが、そのことは政治哲学を学ぶ学生なら誰でも身をもって知っていることだと思う。なぜこういうリスクが発生するかというと、哲学という学問は、私たちを私たちがすでに知っていることに直面させて私たちに教え、かつ、動揺させる学問だからだ。

ここに皮肉がある。この講義の難しさは、「君たちがすでに知っていることを教える」という点にある。それは、慣れ親しんで疑いを感じたこともないほどよく知ってい

❖キーワード❖

1　定言的（categorical）＝哲学で仮定・条件を設けず、無条件に主張するさま。
2　道徳的論法
帰結主義的――行為の帰結に道徳性を求める。
定言的な考え方――ある種の義務や権利の中に道徳性を求める。
3　ジェレミー・ベンサム（一八世紀イギリスの政治哲学者）
4　イマヌエル・カント（一八世紀ドイツの哲学者）

ると思っていたことを、見知らぬことに変えてしまうこともある。私たちが今日の講義の冒頭で取り上げた例がまさにそれにあたる。遊び心とまじめさを両方織り交ぜた仮説だったつもりだが……。哲学の本がどう役に立つかというのも、これと同じだ。哲学は私たちを慣れ親しんだものから引き離す。新しい情報をもたらすことによってではなく、新しいものの見方を喚起することによって、引き離すのだ。

しかし、ここにもリスクがある。慣れ親しんだものが見慣れないものに変わってしまえば、それは二度と同じものにはなりえない。自己認識とは、純真さを失うようなものだ。不安を感じるだろうが、私たちはみなそんな思いを経験し、探求を続けてきた。

この試みを難しく、しかし面白くしているのは、道徳や政治哲学は物語であり、その物語がどこに連れて行ってくれるかは分からないが、それが自分についての物語だということは分かっている、ということだ。これが個人的なリスクだ。

では、政治的なリスクは何だろうか？　このような講義を始めるにあたって、本を読み、問題を議論することで、より良い、責任感のある市民になれると君たちに約束するのも一つの方法だ。それによって君たちは公共政策の前提を検討するようになり、自分の政治的判断に磨きをかけ、公共の事柄に、より効率的に参加できるようになる。

しかし、この約束はおそらく部分的なものに過ぎず、ミスリードしてしまうことが多い。政治哲学は、ほとんどの場合、そのようには機能してこなかったからだ。政治哲学は君たちを、善い市民にするよりも悪い市民にする危険性を秘めている。少なくとも、善い市民になる過程で、いったん悪い市民になってしまう可能性がある。なぜかというと、哲学というものは人をして社会から距離を置かせ、衰弱させるような活動だからだ。

ソクラテスの時代でもそうだった。『ゴルギアス』という対話の中で、ソクラテスの友人の一人カリクレスは彼に哲学をしないように説得する。カリクレスはソクラテスにこう言う。

「人生のしかるべき時期に節度をもって哲学を学ぶなら、哲学は可愛いオモチャだ。しかし、節度を超えて哲学を追求するなら破滅する。(5)私の助言を聞きなさい」

カリクレスはこう続ける。「議論を捨てよ。行動的な人生の成果を学べ。気の利いた屁理屈に時間を費やしている人ではなく、良い暮らしと評判と、他の多くの恵みを持っている人を手本にせよ」

❖キーワード❖

5　「人生のしかるべき時期に節度をもって哲学を学ぶなら、哲学は可愛いオモチャだ。しかし、節度を超えて哲学を追求するなら破滅する」
カリクレス

要するにカリクレスはソクラテスに、「哲学なんてやめて、現実を見ろ。ビジネススクールに行け」と言っているわけだ（一同笑）。

カリクレスの言うこともっともだ。哲学は、私たちに常識や約束事、なんとなく「そうだ」と信じていることに疑いを抱かせる学問だ。これは個人的にも政治的にもリスクである。そしてこれらのリスクに直面したときよく使われる言い訳、それが懐疑主義(6)だ。例を挙げると、「私たちはいろいろなケースや原理について議論をしたけれど、何も解決しなかった。アリストテレスやロック、カントでさえ、長年かけても解決できていないのだから、この講堂に集まった私たちが一学期の講義で解決できるわけがない。要するに、各自が自分なりの原理を持てばいいのであって、それ以上の議論は必要ない。論じても無駄である」というものだ。

これが懐疑主義の言い訳だ。これに対しては、私は次のように答えたい。確かに、これらの問題は長年にわたり議論されてきた。しかし、それが繰り返され、議論され続けてきたというまさにその事実が、この問題の解決はたとえ不可能であっても、議論を続けることは避けられないということを示唆している。なぜ避けられないかというと、私たちは毎日、これらの疑問に答えを出しながら生きているからだ。だから懐疑主義に呑みこまれ、諦めてしまい、道徳に関する熟考をやめてしまっては解決にならない。

カントは、この懐疑主義にからむ問題を次のように表現している。「懐疑主義は人間の理性の休息所である。そこは独善的なさまよいを熟慮できるところだ。しかし、永久に留まる場所ではない。(7)単に懐疑主義に同意しても、理性の不安を克服することは決してできない」

私は対話や議論を通じて、ある種のリスクと誘惑、その危険と可能性を示そうと思う。「この講義の目的は理性の不安を目覚めさせ、それがどこに導いていくのか見ることだ」と述べて、締めくくりの言葉としたい（拍手）。

❈キーワード❈

6　懐疑主義

7　「懐疑主義は人間の理性の休息所である。（中略）しかし、永久に留まる場所ではない」　カント

〔小林正弥教授による解説〕

この講義は芸術的と言ってもいいほど素晴らしいですね。

哲学の出発点にソクラテスという人がいます。彼は、対話、問答法によって哲学を展開したのですが、サンデル教授はまさに現代のソクラテスのような講義をしていますね。

これだけの大人数の講義で、学生の意見を引き出しながら対話型で議論を進めていくというのは、多くの方々にとって衝撃的なのではないでしょうか。

ここで扱われる道徳的ジレンマの例には鮮烈な印象を受けますね。今回の路面電車の例は非常に印象的ですが、これは人間の生命に対する考え方を正面から問う議論を呼び起こします。

人間にとっては「どう生きるべきか」ということが最大の関心事ですから、彼は生命をテーマにしながらショッキングな例を出して、哲学の考え方の基本、正義の考え方の基本を論じようとしていますね。

サンデル教授のこの講義のタイトルはまさに「正義」なのですが、なぜ彼がこういう例を挙げているかというと、生命に対する見方を論じることが、まさに正義に対する考え方を掘り下げるために絶好の例だからなのですね。

教授はこの講義の最後で、哲学の意味を述べています。

普通、われわれが常識的と思っていることを考え直すことによって世界の見方が変わるということですね。

と同時に、哲学には、何が結論や現実に対する意味なのか分からないというものも多いのですが、サンデル教授は、実践的な意味を持つような議論を引き出したいという強い気持ちを持っておられるので、懐疑主義については批判的ですね。

レクチャー2
サバイバルのための「殺人」

サンデル　ここまでの講義で、道徳的なジレンマをめぐる話をいくつかさせてもらった。路面電車や、医者や、健康なのに臓器を取り出されそうになった患者の話だった。そして、議論を通して二つのことが分かってきた。

一つは、議論の展開の仕方だ。私たちはまず、個々のケースについて判断することから始め、その判断の背後にある理由、もしくは原理をはっきりさせようとした。そして新しいケースを検討して、それらの事例と原理をそれぞれ見直した。すると、この作業には、それぞれのケースについての判断と考察において支持した原理を、整合性がとれたものにしようとする圧力が組み込まれて働くことも分かった。

また、討論から出てきた論争の内容についても分かったことがあった。私たちは、自分の行為が道徳的であるかどうかを、その行為が生み出す帰結ないし結果によって判断する傾向があることに気づいた。これが「帰結主義者の道徳的論法」(8)だ。しかし、行為の道徳性を結果から判断しない場合があることにも気づいた。

私たちの多くが、行為の帰結ではなく、その行為の内在的な性質ないし性格が道徳的に重要であると感じるケースもあった。たとえば一人の命を犠牲にして五人を助けた場合、たとえ善い結果をもたらしていても、その行為は定言的［無条件］に許されないと論じる人もいた。そこで、私たちは帰結主義者の道徳原理と、定言的道徳原理(9)を対比させて考えることにした。今日から何回か、帰結主義者の道徳理論の中で、最も影響力のある見解の一つを検討していく。それは、功利主義の哲学(10)だ。

ジェレミー・ベンサムは一八世紀のイギリスの政治哲学者で、功利主義の道徳理論に初めて明快で系統だった説明を与えた。ベンサムの考え方、ベンサムの理論の根幹をなす考え方はとてもシンプルなもので、それに道徳的に共感する人は多い。ベンサムの基

❖キーワード❖

8　帰結主義者の道徳的論法――結果によって判断する。

9　定言的道徳原理――行為の性質で判断する。

10　功利主義の哲学

本的な考え方とは、「行なうべき『正しいこと』とは、効用を最大化することだ[11]」というものだ。

ベンサムの言う「効用」とは何を指すのか？　彼の言う「効用」とは、苦痛よりも喜び［快楽 pleasure］、受難よりも幸福、というバランスを意味している。さて、ベンサムがどのようにして効用を最大化する原理に辿りついたかを考えてみよう。彼は、あらゆる人間を観察することから始めた。人間は誰でも、苦痛と喜び［快楽］とに支配されている。私たち人間は、喜びを好み、苦痛を嫌う。だから我々の「道徳性」はそれに基づくべきだ。人生で何をすべきか考えるとき、立法者として、あるいは市民として、「法律はどんなものであるべきか、何が正しい行ないか」について、個人的あるいは全体的に考えるとき、私たちは全体の幸福度を最大化させるやり方で行動すべきなのだ。それゆえ、ベンサムの功利主義は「最大多数の最大幸福」という標語に集約されることも多い。

この効用の基本原則を念頭に置きながら、あるケースについて考えてみよう。今回のケースは架空の話ではない。実際にあった事件で二人の船乗りが被告として裁かれた。この一九世紀のイギリスの事件は、ロースクールでもよく議論される。ではどんな事件か説明しよう。概要を説明するので、自分が陪審員だったらどう裁定するか考えながら聞いてほしい。当時の新聞に事件の背景を解説した記事[12]が載っている（新聞の記事を読む）。

「悲劇的な海難事故の物語は、船の生存者の物語ほどには語られることはなかった。

この船の名はミニョネット号。南大西洋の喜望峰から二〇〇〇キロ離れたところで沈んだ。乗組員は四人。船長のダドリー、一等航海士のスティーブンズ、そして船員のブルックス。全員、素晴らしい人格の持ち主だった」少なくとも新聞はそう伝えている。

四人目の乗組員は給仕のリチャード・パーカー、一七歳。彼は孤児で、身寄りもなく、これが彼にとっては最初の長い航海だった。新聞によれば、友だちはパーカーに「行くな」と止めたが、彼は「この旅が自分を男にしてくれるだろう」と考え、若者らしい希望に胸をふくらませて出港した。だが悲しいことにそうはならなかった。

波が船に打ちつけ、ミニョネット号は沈没。四人の船員は救命ボートへと避難した。彼らが持っていた唯一の食料はカブの缶詰が二つだけで、真水はなかった。最初の三日

❖キーワード❖

11　『正しいこと』とは、効用を最大化すること。最大多数の最大幸福

12　ミニョネット号沈没

一八八四年九月二〇日付けロンドンの新聞

間、彼らは何も食べずに耐えた。四日目に、カブの缶詰を一つ開けて食べた。その翌日、亀を捕まえた。それから数日間、彼らはもう一つの缶詰と亀を食べて持ちこたえた。だがそれ以降の八日間、彼らには何もなかった。食べ物も水もなかった。そのような状況に置かれた自分を考えてみてほしい。君たちならどうするだろうか？

彼らはこうした。

すでに、給仕のパーカーは救命ボートの底に横たわっていた。パーカーは他の者の忠告を無視して海水を飲んだために具合が悪くなっており、死が近いように見えた。一九日目に、船長のダドリーは、皆でくじ引きを行ない、残りの者を助けるために誰が死ぬかを決めようと提案した。ブルックスは拒否した。

彼は「くじを引いて決める」という考え方が気に入らなかったのだ。自分が当たったら大変だと思ったからなのか、それとも定言的［絶対的］な道徳的原理を信じていたからなのか。しかし、いずれにしてもくじ引きは行なわれなかった。その翌日、相変わらず救援船は現れず、ダドリーはブルックスに見ないように言い、スティーブンズに「パーカーを殺そう」と合図した。ダドリーは祈りを捧げた。彼はパーカーに、お前の最期のときが来たと告げ、ペンナイフで頸静脈《けいじょうみゃく》を刺して殺した。ブルックスは良心による拒否から抜け出し、身の毛もよだつような恵みを共有した。

四日間、彼ら三人はパーカーの体と血液で生き残った。本当の話だ。

そして彼らは救助された。ダドリーは、救助されたときのことを信じがたい婉曲表現で日記に書いている。「二四日目に、私たちが朝食を食べていると……（一同笑）ついに船が現れた」

三人の生存者はドイツの船に収容され、イギリスに連れ戻され、そこで逮捕され、裁判にかけられた。ブルックスは国側の証人となった。ダドリーとスティーブンズは裁判にかけられた。彼らは事実については争わず、「必要に迫られての行為だ」と主張した。そして、三人が生き残れるのなら一人の犠牲は仕方ないと論じた。

検察官はその議論に惑わされることはなかった。検察官は、殺人は殺人であると言い、事件は裁判にかけられた。

さあ、自分が陪審員だと想像してほしい。ただし、議論を単純にするために、法律的な問題は横に置いて、君たちは彼らが道徳的に許されるか否かのみを判断する責任を負っていると仮定しよう。「彼らは有罪ではない、つまり彼らがしたことは道徳的に許される」と思う人？（少ない人数が手を挙げる）

「いや有罪だ、彼らがしたことは道徳的に間違っている」と思う人？（大勢が手を挙げる）

ほとんどの人がこっちだね。じゃあ、その理由を聞いていこう。少数派から始めよう。まずはダドリーとスティーブンズを弁護する側から聞きたい。なぜ彼らの行為は道徳的に許されると思うのか。君。

男子学生5　道徳的には非難されるべきだと思います。でも、道徳的に非難されるのと、法的に責任があるのとは違います。逆に、道徳的なことがいつも法に触れないとは限りません。僕は、「必要だったから」という理由が、盗みや殺人やいかなる違法な行ないも正当化するとは思いませんが、必要性の程度が、有罪を免除するケースもあると思います。

サンデル　よろしい。弁護側の他の意見を聞きたい。彼らがしたことをどうやって道徳的に正当化するのか。君。

マーカス　そういう状況では、生き残るためにしなければならないことをしなければなりません。

サンデル　しなければならないことを……。

マーカス　しなければならないんです。食べ物なしに一九日間を過ごし、誰かが犠牲になれば他の人は生き残るんですから。もしも、生き残った彼らが故郷に帰って、一〇〇万ドルのチャリティーを始めるとかして社会に貢献したとすれば、皆のためになったわけですから。いや、もちろん僕は彼らがその後何をしたかは知りません。もっと人を殺したかもしれませんけど……。

（他の学生が声をかける）

サンデル　何？

男子学生6　「殺し屋になったら？」

サンデル　故郷に戻って、彼らが殺し屋になったとしたら？（一同笑）

マーカス　殺し屋になったとしたら？　んー……。

サンデル　（ジョークで）誰を殺したか知りたいよねえ？（一同笑）

マーカス　確かにそうですね、知りたいですね。

サンデル　結構。君の名前は？

マーカス　マーカス。

サンデル　マーカス。ありがとう。私たちは弁護側の意見を二つ聞いた。

次は検察側から聞いてみよう。ほとんどの人は彼らがしたことは間違っていると思っている。なぜか？　君。

ブリット　私が最初に考えたことは、長いこと食べずにいたのだから、彼らは精神的に影響を受けていただろうし、それを弁護に使えるかもしれないということです。つまり、彼らは適切な心理状態ではなかった。適切な心理状態だったら、していたであろう決断をしなかった。つまり、適切ではない心理状態だったからこそ、そのようなことをしてしまったと言えます。

でも、こう弁護する人たちは、本心では彼らの行為は道徳に反している、と考えているわけです。

サンデル 君はどう思うのかな？ 君は彼らを弁護しているが……。君は有罪派？

ブリット はい。私は彼らが道徳的に正しいとは思いません。

サンデル なぜ正しくないのかな？ さっき、マーカスが彼らを弁護したとき、何て言ったか聞いていたよね？

ブリット はい（一同笑）。

サンデル しなければならないことをしなければならないんだよ。君はマーカスに何と反論する？

ブリット 人間が、他の人間の運命を決めたり、他の人間の命を奪うことはどんな状況でも認められません。人間にはそんな権限はないのです。

サンデル 結構。君の名前は？

ブリット ブリット。

サンデル　ブリット、ありがとう。ほかには？　どう思う？　立ち上がって。

キャスリーン　ダドリーとスティーブンズが、死ぬことについてパーカーの同意を求めていたら、と思います（一同笑）。それは彼らを殺人行為から免除するでしょうか？　だとしたら、それでも道徳的に正当化できるでしょうか？

サンデル　それは面白い。同意か……。君の名前は？

キャスリーン　キャスリーン。

サンデル　キャスリーンの言うように、もし彼らがパーカーの同意を得ていたらどうだったろう？　ダドリーはペンナイフを手にして、お祈りの代わりに（キャスリーン笑）、あるいはお祈りの前に、パーカーにこう言う。「パーカー。殺してもいいかな？」（キャスリーン＆一同笑）

「俺たちは腹ペコなんだ。さっきマーカスも言っていたけど、めちゃくちゃ腹ペコだ。どっちにしろ君は長くはもつまい」（一同笑）

キャスリーン　「君は殉教者になれるぞ」

サンデル　「殉教者になってくれるかな？　どう？　パーカー」（一同笑）

君たちはどう思う？　それで道徳的に正当化されるだろうか？　パーカーが、半分、意識もうろうとした状態で「いいよ」って言ったら？（一同笑）

キャスリーン　それで道徳的に正当化できるとは思いません。
サンデル　それでも、正当化はできない？
キャスリーン　できません。
サンデル　同意があっても、道徳的に正当化できるとは思わないんだね。キャスリーンの「同意を得る」という考えだが、同意を得れば道徳的に正当化されると思う人は？　正当化されると思う人は手を挙げて（それなりの人数が手を挙げる）。
　これは面白い。なぜ同意が道徳的な違いを生むのか。なぜ正当化されるのか？
女子学生3　パーカーが自分からそう言い出せば、その場合に限ってのみ、彼の命を奪うことが正しいと認められると思います。その場合には、彼はプレッシャーをかけられたと言うことはできないからです。これは三対一の状況、大勢対一人ですから。自分で自分の命を与えることを決め、誰かに頼んで殺してもらおうとすれば、感心する人もいるでしょうし、その決断に反対する人もいるでしょうけど。
サンデル　すると、彼が自分から「死ぬ」と言い出した場合にのみ、道徳的に間違っていない。だったらオーケーと言うわけだね。さもなければ、それは状況の下で強制された同意になると考えるんだね？　パーカーの自発的な同意があっても、仲間が彼を殺すことは正当化されないと考える人はいないか？　なぜか、教えてほしい。

ブリトニー　パーカーが殺されるのは、他の乗組員は救助されるという望みがあるからですよね。でもいつ助けが来るかは分からないんですから、パーカーが殺されるべきだという明白な理由はありません。だから無意味な殺人です。救助されるまで、誰もいなくなるまで仲間を殺し続けるんですか？

サンデル　この状況の道徳的な論理はそうだね。救助されるまで、一番弱い者を一人ずつ選んでいくということだろうね。この事件の場合は、幸運にも三人がまだ生きているところで救助されたということだ。さあ、パーカーは同意したとすると、これで問題ないのだろうか？

ブリトニー　いいえ、正しくありません。

サンデル　なぜ正しくないのかな。

ブリトニー　カニバリズム［食人］は道徳的に正しくないと思います。とにかく人間を食べるべきではありません（一同笑）。

サンデル　カニバリズムは道徳的にあるまじき行為だ、というわけだ。じゃあ、殺すのではなく、死ぬまで待った場合でも、やはりしてはいけないというのだね。

ブリトニー　はい、私個人としてはそう思います。すべては個人の道徳観で決まると思います。でもこれは単に私の意見です。もちろん反対する人もいるでしょうけど……。

サンデル　じゃあ皆に聞いてみよう。君の意見に反対する人の意見を聞き、君を説得できる理由があるかどうか見てみるとしよう。それじゃあ、誰か、同意があればオーケーと思う人の中で、なぜ同意がそういう道徳の違いを生むのか説明できる人は？

くじを引くというアイデアはどうだろう？　これを同意と考えられるだろうか？　思い出してほしいのは、最初に、ダドリーはくじ引きを提案していることだ。仲間がくじ引きに同意したとしよう。それなら問題はなくなると思う人は？　くじを引いて、パーカーが負け、パーカーが殺されることになったとする。それなら道徳的に許されると思う人は？（それなりの人数が手を挙げる）

くじ引きを加えると賛成する人数が増えた。くじ引きが道徳的な違いを生むと考える人の意見を聞こう。その理由は？

マット　僕は、それを犯罪たらしめる必要不可欠な要素は、彼らがある時点で「自分たちの命は彼の命より大事だ」と考えたことだ、と思います。どんな犯罪にも、その根底には「自分の必要なものや欲望は、他人のものよりも優先される」という考えがあります。でも、くじ引きに同意したのなら、彼らは全員、仲間を助けるために自分を犠牲にするということですから……。

サンデル　問題はなくなる？

マット　グロテスクではありますが……。

サンデル　道徳的には許される？

マット　はい。

サンデル　君の名前は？

マット　マット。

サンデル　マット、つまり君が引っかかるのは、人の肉を食べることではなく、適正な手続きがないということなのだね（一同笑）。

マット　（笑って）ですね。

サンデル　よろしい。では、マットに賛成の人で、なぜくじ引きがそれを道徳的に許されるものにするのか、さらに説明してくれる人？　君。

女子学生4　私の理解では、問題は、パーカーは自分の身に何が起こるのか聞かされていない。もともとのくじ引きの場合でも、自分が参加するかどうか意見を聞かれていないということです。彼が死ぬ者になると決められただけで。

サンデル　そう、実際はそうだった。しかし、もし、くじ引きがあり、全員がその手続きに同意したら、オーケーかな？

女子学生4　はい。それなら全員、誰かが死ぬと分かっていますから。でも、パーカーはその議論が起きたことさえ知らなかったし、「君が死ぬことになるかもしれないぞ」と知らせる警告さえなかったわけです。

サンデル　じゃあ、全員がくじ引きに同意したとしよう。そしてくじ引きをしたら、パーカーが負け、気を変えたら？

女子学生4　いえ、同意は口頭の契約のようなものだから撤回はできません。自分が死ぬのは仲間を助けるためだと分かっているんだし。自分だってほかの誰かが死んだら食べるでしょう？

サンデル　まあね、でもやはり自分が負けたらイヤだよ（一同笑）。

女子学生4　パーカーには何の相談もなかったということが道徳的問題のすべてであって、彼には何も知らされなかったことが恐ろしいんです。知らせていたのなら、彼らの行為も少しは理解できますけど。

サンデル　よろしい。彼らの行為は道徳的に許されると考える者もいるが、たったの二〇％だ。マーカスを筆頭に（一同笑）。

そしてここでの本当の問題は同意がないことだと考える者がある。くじ引きへの同意、公正な手続きへの同意がないことだと考える者もいれば、キャスリーンのように、死ぬ前の同意がないことが問題だと言う者もいる。いずれにせよ、同意があれば、犠牲は道徳的に正当化される、と考える人は増えてくる。
　最後に、くじ引きへの同意があっても、いまわの際にパーカーが同意の言葉をつぶやいたとしてもなお、やはりパーカーを犠牲にするのは間違っていると考える人の意見を聞きたい。なぜ間違っているのだろうか？　そこを聞かせてほしい。

女子学生５　私はずっと、定言的な［無条件の］道徳的論法の立場を取ります。くじ引きへの同意で大丈夫な可能性もあると思います。負けた者が誰の手も借りずに自殺すれば、殺人行為にはなりません。でも、たとえそういう方法であっても、それは強制だと思います。それに、そこには「良心の呵責《かしやく》」があったとは思えません。ダドリーは日記に「朝食を食べていた」なんて書いていますから。単に他人の命を重んじていないように思えます。だから私は、定言的な立場を取らなければならないように思うのです。

サンデル　告発したい？　良心の呵責を感じておらず、悪いことをしたと感じていないから。

女子学生５　はい。

サンデル　よろしい。同意があろうがなかろうが、定言的に間違っていると言う人は？　立って。なぜだい？

マイク　殺人は殺人です。我々の社会においてはどんな場合でも殺人は殺人で、殺人によって違いがあるとは思いません。

サンデル　一つ質問だ。一人の命に対して、三人の命がかかっていた。一人のほうの給仕の少年パーカーには、身寄りも扶養家族もいなかったが、他の三人には国に帰れば身寄りも、扶養すべき妻子もいた。

ベンサムに戻って考えよう。ベンサムは、私たちは皆の福祉、効用、幸福を考えるべきで、その全部を足して考えなければならない、と言っている。それは単に三人対一人ではなく、故郷の家族も関わってくる。事実、当時のロンドンの新聞や大衆の意見は、ダドリーとスティーブンズに同情的だった。新聞は、故郷の家族への愛情や心配がなかったら、彼らはこんなことはしなかったろう、と書いた。

マイク　でも、失業している人たちだって「家族を養いたい」と思うのは同じじゃないですか？　違いはないと思います。どんな場合でも、自分の状態をよりよいものにするために誰かを殺したら、それは殺人です。どんな理由の殺人であれ、殺人は殺人であり、例外を作ってはなりません。同じ行為はすべて同じで、殺人も、殺人に至る精神状態も、家族を養う必要性も同じです。

サンデル　これが三人ではないと仮定してみよう。三〇人、いや三〇〇人だと考えてみよう。たとえば戦争中で、三〇〇〇人の命がかかっているとしたらどうだろう？

マイク　もっと大勢の命がかかっていても、やはり同じです。

サンデル　ベンサムが「すべき正しいこととは、集合的な幸福を増すことだ」と言っているのは間違いだ、と思うわけだね？

マイク　そうは思いませんが、殺人は殺人です。

サンデル　だとしたらベンサムは間違っているはず。もし君が正しければ彼は誤っているんだ。

マイク　わかりました。彼は間違っています。僕が正しいです（一同笑）。

サンデル　ありがとう。結構だ。

議論から一歩離れて、彼らがしたことに対して、いくつ反論が出たか考えてみよう。

彼らのしたことを弁護する意見もあった。あの悲惨な状況で生き延びるには必要だったから、そして、少なくとも暗黙の裡《うち》には、数も重要だという考え方があるからだね。当事者の数だけではなく、もっと広い効果も重要だ。彼らは故郷に家族や扶養する者がいたが、パーカーは孤児だった。彼がいなくなっても悲しむ者はいない。だから、これらを足し合わせて、幸福と苦しみのバランスを計算すれば、彼らがしたことは正しかったという言い分もあるかもしれない。

しかし、これに対して、三つの異なるタイプの反論があった。彼らがしたことは定言的に［絶対に］間違っているという反論、最後にマイクが述べたとおり、殺人は殺人であり、たとえ社会全体の幸福が増えるにしても、それは常に間違っているという定言的な反対だ。絶対に許されない、ということだね。

しかし、殺人が定言的に［無条件に］誤っている理由を調べる必要がある。最初の質問だ。殺人が正当化されえないのは、給仕の少年でさえもある種の基本的権利を持っているからなのか？　だとしたら、その権利はどこから来るのか、全体の福祉や効用や幸福という考え方から来るのではないとしたらどこから来るのか、それが質問の一。

くじを引けば事情は変わる、という人もいたね。公正な手続きが重要だ、とマットは言った。その意見に傾く人もいた。それは正確には定言的な反対ではない。一人一人が平等に扱われるべきだ、という意見だ。最後には十人が一般的な福祉のために犠牲になることはあっても。

この考えはまた別の質問を提起する。なぜ、ある手続き、公正な手続きに同意することが、その手続きの運用から生じる帰結を、それがどんな帰結でも正当化するのか？　これが質問の二。

そして第三の質問は、同意という基本的な考えに関してだ。提起したのはキャスリーンだ。犠牲となったパーカーが自ら合意したのなら、そして付け加えられたように、強要の下でなければ、残りの者を助けるために彼の命を奪っても構わないのではないか。この考えに賛成した人は多かったね。しかし、それは第三の哲学的な質問を提起する。同意が行なう道徳的な働きは何だろうか？　なぜ、同意するという行為は道徳的な違いを生み出すのか。命を奪うという行為は、同意なしでは許されないが、同意があれば道徳的に許されるようになるのはなぜか？

この三つの質問(13)に答えるためには、何人かの著作を読まなければならない。次回から功利主義の哲学者、ベンサムとジョン・スチュアート・ミルを読むことにしよう（拍手）。

❖キーワード❖

13　提起された質問

(1)　どこから、基本的な権利は来ているのか？

(2)　公正な手続きはどんな結果も正当化するのか？

(3)　同意の道徳的な働きは何か？

〔小林正弥教授による解説〕

この救命ボートの例も非常に印象的で、ここからサンデル教授は、「帰結主義対定言的な考え方」、権利の根拠、手続きの効果、同意といった重要な論点について問題を提起します。これらは、この講義の全体を通じて追求されることになるのです。

サンデル教授がなぜこういう講義を情熱を持ってしているかというと、彼は、『公共哲学（パブリック・フィロソフィ）』（二〇〇五年）という本を刊行しているように、公共哲学という考え方を強調しているのです。そして、公共性という言葉の中に公開性という意味があり、サンデル教授はその意味の公共性の実現にも熱意を持っているのでしょう。だから、閉ざされた小さなクラスルームで議論するだけではなくて、その議論を多くの人びとに開く、という情熱を持っているのですね。

ですから、こういう講義をされて、それを公開されたのだ、と思うのです。公共哲学はまさに実践性を持つ哲学ですが、この講義はサンデル教授の公共的な教育的実践そのものですね。

彼は、路面電車と救命ボートという二つの例によって、「より多くの人間を救うために、人間を殺していいのだろうか」という生命の問題から説き起こしています。

これに対して、現在の多くの議論はやはり結果から考えるのです。人間の行為の結果＝帰結は何なのか、例えば、経済であれば、「経済政策の帰結は何なのか」とか「どうすれば経済が成長するのか」というように、帰結から考えていくわけですね。

でも、サンデル教授は、それでは政治の議論としては不十分だと思っており、「正義を考えるためには結果から考えるだけでは不十分ではないだろうか？」ということを学生さんたちに自ら考えてもらうために、このような例を出されているのだろうと思います。

第2回　命に値段をつけられるのか

レクチャー1
ある企業のあやまち

サンデル　前回の講義で、私たちは二人の船乗りダドリーとスティーブンズの裁判について議論した。海で遭難した男たちが、少年を殺して食べた事件だ。

まず、議論の内容を思い出してほしい。船長と航海士が何をしたか、それに対してどんな意見が出たか。それを頭に置いたうえで哲学者ジェレミー・ベンサム(1)の功利主義の話に戻ろう。

イギリスの政治哲学者ベンサムは、一七四八年イギリス生まれ。一二歳でオックスフ

❖キーワード❖

1　ジェレミー・ベンサム（一七四八－一八三二）

ォード大学に進学し一五歳でロースクールに入った。一九歳で司法試験に合格したが弁護士にはならず、法学と道徳哲学に人生を捧げた。ベンサムの功利主義については前回も触れたが、その中心となる理論は単純だった。

「道徳の最高原則は、社会の幸福のために一般的福利（welfare）を最大化することであり、全体として、快楽が苦痛を上回るようにすることである」つまり一言で言えば、「効用の最大化(2)」だ。

ベンサムは次のような推論でこの原則に辿りついた。私たちは皆、苦痛と喜びに支配されている。だから、どんなときも苦痛と喜びを考慮する必要がある。その最も良い方法が「最大化」だ。これが、「最大多数のための最大幸福」の原則へとつながる。

では、何を最大化すべきなのか？

ベンサムは、「幸福」あるいは厳密には「効用」だと言っている。効用の最大化という原理は、個人のためだけのものではなく、コミュニティや立法者のためのものでもある。「しかし結局のところ、コミュニティとは何なのか？」とベンサムは問うた。それは個人の集まりだ。だから、よりよい政策を決めたり法律を定めようとしたりするとき、そして何が正しい行ないかを考えるとき、人はこう自分に問いかけてみなければならない。「この政策によって生じる、すべての便益（benefit）の合計から代償を差し引いたとき……なすべき正しいことは、幸福が苦痛を上回る度合を最大にすることだ」と。

「効用の最大化」とはそういうことだ。

さて、今日は君たちがこの考え方に賛成かどうか聞きたいと思う。

ところで、この功利主義の論理は、「費用便益分析」という名で、いつも企業や政府がよく使ってきたものだ。その場合、効用は数値で表される。たいていはドルに換算され、様々な事業について、その費用と便益が数値化される。

最近、チェコ共和国では、たばこの消費税率を上げようという提案があった。そこで、チェコで大規模な事業を展開している、あるアメリカのたばこ会社がチェコにおける喫煙の費用便益分析を行なった。その結果、一つのことが明らかになった。「チェコ政府は国民の喫煙によって得をする」ということだ。

さて、政府はどのように得をするのか？　チェコ政府の財政にマイナス効果があるのは事実だ。喫煙により病気を発症する人々への医療費の負担が増えるからだ。

一方、プラス効果もあった。そういったものは、帳簿の「便益」の欄に加算された。

❖キーワード❖
2　効用の最大化

費用便益分析：喫煙

費用	便益
医療費の増加	たばこの販売からの税収
	（早期死亡による）
	医療費節約
	年金節約
	住宅費用の節約

たばこ会社の調査

市民が喫煙した場合の純利益：1億4,700万ドル

早期死亡による節約：1人当たり1,227ドル

プラス効果の大部分を占めていたのは、たばこ関連商品の販売による様々な税収だ。

しかしそれ以外に、人々が早死にしたときに政府が節約できる医療費も含まれていた。また、年金や高齢者のための住宅費用も節約できる。

これらすべての費用と便益を踏まえたたばこ会社の調査結果がこれだ。

チェコ政府の純収入は、一億四七〇〇万ドル増加する。喫煙が原因で早く亡くなる人については、政府は住宅費や医療費、年金を支払う必要がなくなるから、一人当

たり一二〇〇ドル以上節約できる。

これが費用便益分析だ。さて、君たちの中で、功利主義を擁護する人は、これで費用便益分析を判断するのは不公正だと思うかもしれない。このたばこ会社はメディアにたたかれ、結局この心ない計算について謝罪した。

君たちは、この分析に欠けているのは、功利主義が容易に組み込める命の価値だと言うかもしれない。つまり肺がんで亡くなる人やその家族にとっての生命の価値だ。生命の価値はどうか。費用便益分析には、それを計算に組み込んでいるものもある。

なかでも特に有名なのが、アメリカのフォードが発売したある車の事例だ。七〇年代に起きた事件だが、ピントという車を覚えている人はいるかな。これは小さな車でとても人気があった。だが、一つ問題があった。燃料タンクが車の後方にあり、後ろから追突されると、炎上するという点だ。事故で亡くなった人もいれば、重傷を負った人もいた。負傷した被害者たちはフォードを訴えた。そして、その訴訟の中で、メーカーがずいぶん前から燃料タンクの弱点を認識していたことが明らかになった。燃料タンクのまわりに保護シートをつけることを考え、それを実行する価値があるかどうか判断するために、費用便益分析を実施していたのだ。その際、車の安全性を向上させるためにかかる費用を、一台当たり一一ドルとした。そしてこれが、裁判の中で公開された会社側の

ピントの修理

費用	便益
部品当たり 11 ドル × 1,250 万台	死者 180 人× 20 万ドル ＋負傷者 180 人× 67,000 ドル ＋ 2,000 台× 700 ドル
≒ 1 億 3,700 万ドル （安全性向上のため）	≒ 4,950 万ドル

費用便益分析の結果だ。

一二五〇万台の車の安全性を向上させるには、一台当たり一一ドルとして、一億三七〇〇万ドルかかる。それから、この金額を投じて車を修理した場合の便益、つまり、事故を防ぐことの価値を計算した。死者一八〇人。一人当たりの価値をドルに換算すると、二〇万ドル。負傷者も一八〇人で、一人当たり六万七〇〇〇ドル。事故を起こして炎上する車は二〇〇〇台で、修理費用は、一台当たり七〇〇ドルだ。これらの便益を合計すると四九五〇万ドルにしかならなかったので、メーカーは車を直さなかった。言うまでもないが、裁判の中で、会社が作った費用便益分析のメモが公開されると陪審員は愕然として、巨額の和解金の支払いを命じた。この自動車メーカーは生命の価値という基準を加えたから、これは、功利主義的な計算の考え方を否定する例と言えるのだろうか？

さあ、ここで、メーカーの側に立って、費用便益分析を弁護したい人はいないだろうか？　弁護できる人は？　もしくは、これが功利主義の計算法を完全に崩壊させると思う人は？　どうぞ。

ジュリア　この自動車メーカーも先ほどの例と同じ間違いを犯していると思います。彼らは人の命に値段をつけましたが、家族の苦痛や喪失感をまったく考慮していません。家族は収入だけでなく、愛する人も失います。それは、二〇万ドル程度のものではありません。

サンデル　なるほど。待って、君の名前は？

ジュリア　ジュリアです。

サンデル　では、ジュリアに聞こう。君は愛する人が永遠に失われることを考慮すると、二〇万ドルでは安すぎると思うんだね？　それなら、適切な額はいくらだと思う？

ジュリア　数字で表せるものではないと思います。人の命をこの種の分析に利用すべきではありません。

サンデル　金額が低すぎたというだけでなく、数字で表そうとしたこと自体がそもそも間違っていたというのだね。ほかに意見はあるかな？

ヴォイテク　インフレを考慮しないといけません。

サンデル　インフレを考慮しないといけない（一同笑、拍手）……なるほど。そのとおりだ。では、今ならいくらになると思う？　これは三五年前の話だ。

ヴォイテク　二〇〇万ドルです。

サンデル　二〇〇万ドル。二〇〇万ドルをつけるか。君の名前は？

ヴォイテク　ヴォイテクです。

サンデル　ヴォイテクは、「インフレを考慮してもっと奮発するべきだ」と言っている。ということは、君は数字に置き換えること自体には賛成なんだね？

ヴォイテク　あいにく、そうです。何らかの数字が必要だからです。適切な数字には自信がありませんが、おそらく、命の価値を数字で表すことはできると思います。

サンデル　なるほど。ヴォイテクはジュリアとは違う意見だ。ジュリアは生命の価値を数字に置き換えることはできないと言う。ヴォイテクは、何らかの決断を下すためには、それが必要だと言う。

では、ほかの人はどうだろう。費用便益分析を弁護できる人はいないかな？　いいことだと思う人は？　はい、どうぞ。

ラウル　この自動車メーカーもほかのメーカーも、費用便益分析を行なわなければ利益を出せず、倒産してしまうと思います。そうなれば、何百万もの人たちが通勤に車を使えなくなり、生活に支障をきたします。ですからこの場合、費用便益分析が行なわれなかったら、より大きな幸福が犠牲になっていたと思います。

サンデル　ありがとう。君の名前は？

ラウル　ラウルです。

サンデル　ラウル。

最近、運転中の携帯電話の使用についての調査が行なわれ、この行為を禁止すべきかどうかが議論された。そして、調査の結果、毎年およそ二〇〇〇人が、運転中に携帯電話を使ったために事故を起こし、命を落としていることが分かった。

しかし、ハーバード大学のリスク分析センターが行なった費用便益分析では、運転中に携帯電話を使うことでもたらされる便益と、失われる命の価値はほぼ同じだという結果が出た。運転中に商談を進めたり友人と話したりすれば時間を節約でき、大きな経済的便益が生まれるからだ。これを聞いてもまだ、命の価値をドルに換算するのは間違いだとは思わないかな？

ラウル　もし、大多数の人々が携帯電話のようなサービスを利用し、その利便性を最大限に活かしたいと考えるなら仕方ないと思います。満足には犠牲が付き物ですから。

サンデル　君は完全な功利主義者だね。

ラウル　その通りです。

サンデル　それじゃあ最後の質問だ。これはヴォイテクにも聞いたが、人の命に値段をつけるとしたら、この場合はいくらが妥当だと思う？

ラウル　そうですね。今この場で思いつきで数字を挙げたくはないですが（一同笑）。

サンデル　じっくり考えたい？

ラウル　そうですね。

サンデル　だいたいでいいんだ。死者は二三〇〇人。携帯電話の使用を禁止するかどうか決めるには、何らかの数字が必要だ。

だから、直感で言ってみてほしい。一〇〇万ドル？　二〇〇万ドル？　ヴォイテクは二〇〇万ドルだったが、君はどう？

ラウル　一〇〇万で。

サンデル　一〇〇万ドル！（一同笑）　よく答えてくれた。ありがとう。

最近では、このような費用便益分析をめぐって論争が起きている。計算のために何にでも値段をつけてしまうことが問題視されているからだ。

では、ここからはそういった反対意見に目を向けてみよう。ただし、費用便益分析は、厳密に言えば功利主義の理論を実践した一つの例にすぎないので、それだけにしぼらず、功利主義の理論全体に対する反論について考えてみたい。

功利主義の理論とはこういうものだった。「すべき正しいことや政策や法律の正しい根拠は、効用の最大化である」

この、法律や公共の利益に関する功利主義の考え方に反対の人は、どれくらいいるだろう。

では、賛成の人は？　反対よりも賛成のほうが多いね。では、反対意見から聞こう。どうぞ。

アナ　功利主義に問題があると感じるのは、少数派がないがしろにされているからです。多数派の望むことのほうが価値があるとは限りません。ですから、最大多数のための最大幸福という考え方には賛成できません。

少数派にとっては公平ではなく、望むことを十分に発言できなくなってしまうと思います。

サンデル　面白い意見だ。君は少数派への効果を心配しているんだね？

アナ　そうです。

サンデル　君の名前は？

アナ　アナです。

サンデル　少数派への効果を心配するアナの意見に反対の人はいるかな？　どう反論す

る?

ヨンダ　彼女は少数派が軽んじられていると言いましたが、そんなことはないと思います。少数派であろうと多数派であろうと、一人一人の価値に差はありません。多数派は数で上回っているだけです。ときには、意思決定をしなければならないこともあります。少数派は気の毒ですが、それはより大きな幸福のためです。

サンデル　より大きな幸福か。君の名前は?

ヨンダ　ヨンダです。

サンデル　アナはどう答える? ヨンダは、人々の好み（preference）を足し合わせるだけであり、その中には少数派の好みも考慮されていると言っている。君は功利主義が少数派をないがしろにしていると言ったが、なぜそう思うのか教えてほしい。例を挙げてもらえるかな。

アナ　これまでに挙がったどんな事例にも言えると思います。たとえば、救命ボートの事件では、食べられてしまった少年にはほかの人たちと同じようにまだ生きる権利があったと思います。

確かに、彼はあの場合の少数派で生き残る可能性は低かったかもしれませんが、だからといって殺していいということにはなりません。より多くの人に生きる可能性を与えるからというだけで、ほかの人たちが彼を食べる権利を持つ理由にはなりません。

サンデル　なるほど。つまり、少数派の一人一人にも、ある種の権利があり、それは効用のために犠牲にされるべきものではない、というのだね？

アナ　はい。

サンデル　そうか、ありがとう。では、ヨンダに聞こう。

古代ローマでは、ローマ人は娯楽のために、キリスト教徒をライオンと戦わせていた。これを功利主義の理論にあてはめると、ライオンに襲われるキリスト教徒の痛みや苦しみと、大勢のローマ人の集合的なエクスタシーでは、どちらが大きいだろう？（一同笑）どう思う？

ヨンダ　そうですね。それは過去の話で、僕は今日《こんにち》の政策立案者が見ている人々の快楽に数字をあてて「一人の痛み、一人の苦しみは大勢の幸福よりずっと小さい」と判断するようなことはないと思います。

サンデル　でも君のさっきの考えをつきつめていくと、もし熱狂的なローマ人が大勢いれば、彼らの集合的な喜びは、ライオンの前に投げ出される一握りのキリスト教徒の耐え難い痛みを上回るということになってしまうよ。

ここまでで、功利主義に対する二つの反論(3)が出た。一つは、功利主義が個人の権利もしくは少数派の権利を尊重していない、というもの。そしてもう一つは、人々の好みあるいは価値を合計することはできない、というもの。つまり、すべての価値をドルに換算して計算することなど不可能ではないかという考え方だ。

実は、一九三〇年代に、この二つ目の質問に答えようとしたソーンダイクという心理学者がいた。彼は、人間の行為に関わるすべてのもの、すべての価値を一律の基準で表すことは可能だと考え、それを証明しようとした。そして彼は、政府からの生活保護を受けている若い人を対象に調査を行なった。若者たちに不愉快な行為のリストを渡して「あなたなら、いくらもらえばこれらのことを実行するか」と聞いてまわったんだ。たとえば「いくらもらえば上の前歯を一本抜くか」「いくらもらえば片方の足の小指を切断するか」

ほかには「一五センチのミミズを生きたまま食べる」「カンザス州の農場で、残りの人生を送る」（一同笑）「素手で野良猫を窒息死させる」というのもあった。

さあ、この中で最も高い金額がついたのはどれだと思う？（ざわめき）

カンザス？（誰かが何か叫ぶ）

そのとおり、カンザスだった（一同笑）。彼らは、三〇万ドルもらわなければカンザスの農場では暮らさないそうだ。

では、次に高かったのはどれだろう？（ざわめき）猫じゃないよ。歯でもない。小指でもない。ミミズだ！（一同笑）一〇万ドル払わなければ、ミミズは食べてくれないそうだ（一同笑）。

一番安かったのは何だと思う？（ざわめき）猫じゃない。歯だ。大恐慌の時代、人々はたった四五〇〇ドルで、喜んで歯を抜かせたんだ。

さあ、ソーンダイクはこの研究から次のような結論を出した(4)。

❖キーワード❖

3　功利主義への反論

(1)　個人の権利が尊重されていない。

(2)　すべての価値と好みを集計することは不可能。

4　ソーンダイク研究

カンザスに住む――三〇万ドル

ミミズを食べる――一〇万ドル

歯を抜く――四五〇〇ドル

⇓

望みであれ満足であれ、一定の量が存在していればどんなものでも測定できる。

「望みであれ満足であれ、一定の量が存在していればどんなものでも測定できる。犬や猫や鶏の生活は、食欲、願望、そして満足からなっている。人間の場合も欲求や願望が多少複雑ではあるものの、基本的に動物と変わらない」

しかし、この結論をどう捉えるべきだろう。これは「すべての物の価値は同じ尺度で測ることができる」という、ベンサムの考えを裏付けているのだろうか？

あるいは、ソーンダイクが、バカげた例を挙げて調査を行なったことで、それとは正反対のことが示されたのかもしれない。

つまり、「人が重んじていることや、大切にしているものは、たとえ命であれ、カンザスであれ、ミミズであれ、一律の価値基準にあてはめることなどできない」ということだ。

もし後者が正しいとすれば、功利主義の道徳原理は崩れてしまうことになる。次回は、それについて議論しよう（拍手）。

〔小林正弥教授による解説〕

この章から学問的な内容に入っているのですが、サンデル教授はそれをとても印象的な例で説明していますね。

この章はベンサムという功利主義の出発点にあたる思想家の考え方を説明しています。

彼の「最大多数の最大幸福」という言葉は非常に有名です。

その説明においてサンデル教授は、費用便益分析を例として用いているのですが、これは様々な政策決定や立法の妥当性を「どういう結果が生じるか」ということから考えます。結果として得られる便益から、かかる費用(コスト)を引くことによって、その計算に基づいて、政策や法律を決めようという考え方なのです。

これを、例えば「ある国家が喫煙について適用するとどうなるか。それから自動車会社が、その自動車のリコール問題について適用するとどうなるか」という例を出しています。この分析に、人間の生命の問題を入れて考えると、とてもグロテスクな結果が出てくることが分かります。つまり、「人間が死んでしまうにも関わらず、便益と費用の差が大きいから、その行為をしていい」というような結論になってしまうわけですね。「経済的な考え方が極端になると、いかにおかしくなるか」ということを示して、功利主義の問題点を議論しているのです。

ですから、人間の生命という問題を一番の中心の点にすえながら、経済的な発想の問題点、とくにその中心にある功利主義の発想の問題点を、非常にショッキングな例で示してくれていると思います。

レクチャー2

高級な「喜び」　低級な「喜び」

サンデル　これまで、ジェレミー・ベンサムの功利主義の理論に対する反対意見について議論してきた。

君たちは二つの反論(5)を出した。一つ目は、「功利主義は、最大多数のための最大幸福

❖キーワード❖

5　功利主義への反論

(1)　個人の権利が尊重されていない。

(2)　価値と好みを集計することは不可能。

＊すべての価値をドルに置き換えることはできない。

＊高級な喜びと低級な喜びに違いはないのか。

に重きを置いているため、個人の権利を尊重することができない」というものだ。

ここで、拷問とテロリズムについて考えてみたい。九月一〇日にテロの容疑者を逮捕したとしよう。君は、彼が三〇〇〇人以上を殺害する差し迫ったテロ攻撃についての決定的な情報を持っていると信じているが、情報を引き出すことができない。

その情報を得るために、容疑者を拷問することは正しいだろうか。あるいは、君には個人の権利を尊重する定言的〔無条件的〕な道徳的義務があるから、やってはいけないのか。ある意味では、これは最初に議論した路面電車と臓器移植の話に通じる問題だ。

それから、前回の講義では費用便益分析の例を紹介した。だが、多くの人が、費用便益分析のために命に値段をつけることを良しとしなかった。それが二つ目の反論へとつながる。果たしてすべての価値を一律の基準でとらえることは可能なのか、という問題だ。種類の違うものを同じ尺度で測ることはできるのだろうか。

ではここで、もう一つの例を挙げてみよう。これは実際にあった話で、私の個人的な経験からきている。少なくとも、すべての価値を功利主義の理論にあてはめていいのかどうか、考えさせてくれるだろう。

何年も前、私がまだ大学院生だった頃、オックスフォード大学は男女共学ではなく、男子カレッジと女子カレッジに分かれていた。そして、女子カレッジの寮に男性を泊めることは禁じられていた。でも、この規則は形だけのものになっていて、みんな平気で破っていた。……と私は聞いた（一同笑）。

一九七〇年代の後半になると、この規則の緩和を求める圧力が高まり、女子カレッジの一つ、セント・アン・カレッジの教職員の間で話し合いがもたれた。年配の女性教職員たちは保守的で、従来の規則を変えることに反対した。しかし時代はすでに変わっていた。彼女たちは、反対する本当の理由を言うのが恥ずかしかったから、議論をすり替えて功利主義の言葉に置き換えた。「男性が泊まると大学側の出費が増える」と彼女たちは言った。どうしてそうなるのか？

「男性が風呂に入るとお湯の消費量が増えるから」だそうだ。さらには、「マットレスを交換する頻度が増える」という意見まで出た（一同笑）。

改革を求める人たちは、条件を付けることで大学側と合意した。

「各女性が泊められる男性は、週に三人までとする」（一同笑）同じ男じゃなきゃいけないという決まりはなかった（笑）。

条件はもう一つあった。「宿泊客は費用を賄うために、五〇ペンスを支払わなければならない」（笑）

翌日、全国紙の見出しにはこんな文字が躍った。「セント・アンの女の子は一晩五〇

ペンス」（一同笑）

この例はある種の美徳［貞節］についてのものであるが、すべての価値を功利主義の言葉に置き換えることが、いかに難しいか、これによっても分かる。

ここまで、功利主義に対する二つ目の反論について例を挙げて説明してきた。そして少なくとも、その反論には次のような疑問が含まれていることが分かった。「私たちは、価値が均一で、すべての価値を同じ物差しで測ることができて、道徳的な考慮事項をドルないしお金に置き換えることができると想定しているが、果たしてこれは正しいのだろうか」

さらに、私たちが価値や好みの集計を懸念するのには、もう一つ理由がある。「なぜ、人々の好みを良い好みと悪い好みというように評価せず、すべてを一律に測る必要があるのか？」と考えるからだ。私たちは、より高級な喜びとより低級な喜びを区別すべきではないだろうか。

人間の好みに質的な優劣をつけないというのは、ある意味では魅力的なことだと言える。なぜかと言うと、判断を必要としないし、平等主義的だからだ。

ベンサム派の功利主義者は、誰の好みも重要だと言う。ほかの人が何を望むか、異なった人々が何をもって幸せを感じるかにかかわらず、すべての人々の好みが重要だ、というのである。

ベンサムが重要視したのは——覚えているね？　喜びや苦痛の種類ではなく、その強さと持続時間だった。

ベンサムにとって、いわゆる〝高級な喜び〟や〝崇高な美徳〟とは、より強く、より長く喜びをもたらすものだった。この考えを表した有名な言葉がある。

「喜びの量が同じであれば、プッシュピンは詩と同じように良い(6)」

プッシュピンというのは子どもの遊びで、ピンをはじくゲームだが、それは詩と同じように良いとベンサムは言った。

この言葉には、こんな直感が込められていると思う。他人の喜びを比較して、「どちらのほうが価値がある、豊かだ、良い」などと判断するのはずうずうしい。

この優劣の判断を拒む姿勢は魅力的だ。世の中には、モーツァルトが好きな人もいれば、マドンナが好きな人もいる。バレエが好きな人もいれば、ボウリングが好きな人も

❖キーワード❖

6　「喜びの量が同じであれば、プッシュピンは詩と同じように良い」
ジェレミー・ベンサム

いる。ベンサム信奉者なら、「誰の喜びのほうが高級で価値があり、高貴だ、なんて誰にも分からない」と言うだろう。

しかし、本当にそれでいいのか。喜びの質的な優劣を考慮しなくていいのだろうか？同じ喜びでも、ある種のものは他のものより優れていたり、価値が高かったりするという考えが、完全になくてもいいのだろうか。

古代ローマのコロセウムの例を振り返って考えてみれば、大勢のローマ人の快楽のためにキリスト教徒の人権が侵害されていたということが、一つの問題だ。

もう一つの反対すべき点は、「一般的な福利を決めるためには、戦いを見物するローマ人が享受していた、腐敗していて堕落した喜びにも何らかの価値を与え、評価しさえしなければならないのだろうか」ということだ。これが、ベンサムの功利主義に対する反論だ。

実は、かつてその反論に応えようとした人物がいた。もっと後の時代の功利主義者、ジョン・スチュアート・ミル[7]だ。ここからは、ベンサムの功利主義に対する反論にジョン・スチュアート・ミルが説得力のある返答ができたかどうかを見ていこう。

ジョン・スチュアート・ミル、一八〇六年生まれ。父親のジェームズ・ミルはジェレミー・ベンサムの弟子で、息子のジョン・スチュアートに模範的な教育を受けさせようとした。

ジョン・スチュアート・ミルは神童だった。彼は三歳でギリシャ語を、八歳でラテン語を理解し、一〇歳でローマ法の歴史について書いた（笑）。二〇歳で神経衰弱に陥った（一同笑）。

その後五年間はうつ状態だったが、二五歳のときハリエット・テイラーという女性に出会い、うつ状態から抜け出す。二人は結婚し、幸せに暮らした。そして彼女の影響の下で、ジョン・スチュアート・ミルは功利主義を血の通ったものにしようとした。

ミルが試みたのは、個人の権利などの人道的問題や、高級な喜びと低級な喜びを区別する必要性を考慮に入れたうえで功利主義の計算法を拡大し、修正できるかどうか確かめようとすることだった。

一八五九年には有名な著書『自由論』を書き、個人の権利と少数派の権利を擁護することの重要性を説いた。さらに晩年の一八六一年にはこの講義でも取り上げる『功利主義論』を書いた。

❖キーワード❖

7　ジョン・スチュアート・ミル（一八〇六－一八七三）

ミルは効用は道徳性の唯一の基準であるという考え方を明らかにしていた。つまりベンサムの前提を否定していたわけではなく、それを肯定している。その証拠に、彼ははっきりと述べている。

「望ましいということを示せる唯一の証拠は、実際に人が望むということである」[8]

事実として存在する現実の経験的願望こそ、道徳的判断の唯一の根拠である、と彼は言うのだ。

しかし、第二章の八ページでは、彼は功利主義者が高級な喜びと低級な喜びを区別することは可能だ、と論じている。

さあ、すでにミルを読んだ人なら、彼がどうすれば区別できると言っているか分かるだろう。功利主義者はどうやって、劣ったものや卑しいもの、価値のないものから、質の高いものを区別するのだろうか。君。

ジョン　両方を試してみれば、人は自然に高級なほうを好むものです。

サンデル　そのとおりだ。君の名前は？

ジョン　ジョンです。

サンデル　ジョンが指摘したようにミルはこう言っている。

「人々の願望や好みを除外して考えることはできない。なぜなら、それでは功利主義の前提を崩すことになってしまうからだ。高級な喜びと低級な喜びを区別する方法はただ一つ。両方を経験した人が、それを好むかどうかである」

そして第二章には、さっきジョンが説明してくれたことをミルが主張する一節がある。

「二つの喜びのうち、両方を経験した者が全員、またはほぼ全員、道徳的責務の感覚と関係なく――つまりどんな基準にも左右されずに――迷わず選ぶものがあれば、それがより好ましい喜びである」

さあ、君たちはどう考える？　この議論は成功しているだろうか？　成功していると思う人は手を挙げて。この方法で高級な喜びと低級な喜びを区別できると思う人は？

では、無理だと思う人は？（過半数が手を挙げる）

理由を聞きたいが、その前に、ミルの主張を確かめるために一つ実験をしよう。

これから君たちに三つの映像を見てもらう。人気のある映画や番組のワンシーンだ。一つ目はハムレットの独白。そのあとに、別の二つの何かが続く（一同笑）。

❖キーワード❖
8 「望ましいということを示せる唯一の証拠は、実際に人が望むということである」
ジョン・スチュアート・ミル

では始めよう。

『ハムレット』　メル・ギブソン（字幕）

人間とは何たる傑作か
気高い理性
限りない能力
優美な姿　機敏な動き
天使のごとき行為
神のごとき理解力
まさにこの世の美
生物の鑑《かがみ》だ
しかし私にとっては
無意味な塵《ちり》の塊《かたまり》にすぎない
人間など面白くもない

（拍手）

『フィア・ファクター』

（悲鳴）

ナレーション　あなたの恐怖が現実になったら……？

女性　噛んでる！

ナレーション　六人の挑戦者が三つのステージで死闘を繰り広げる。

（叫び声）

ナレーション　過酷なスタントが挑戦者の肉体を追い詰める。

そして精神も。

六人の挑戦者のうち、

勝つのは一人。

女性　やった！

ナレーション　フィア・ファクター。

（拍手喝采）

『ザ・シンプソンズ』（『ザ・シンプソンズ』のテーマ音楽。シンプソン一家が自動車レース場にいて、屋外観客席に座っている。近所のカップルのフランダース夫妻がやってきて、彼らの後ろに座る）

フランダース夫　やあ　みんな、ぶっ飛ばそうぜ。

ホーマー　フランダース、君にもこんな趣味が？

フランダース夫　スピードはどうでもいいが、ヘルメットと警告フラッグが大好きでね。

フランダース夫人　私は貧乏な人を見るのが好きなの。

（画面が競技場の中に移ると、白人のだらしない若いカップルがピックアップトラックの後ろでベタベタしている）

少女　ちょっと、私の親がいるじゃない！

（年配のカップルがそのピックアップトラックの隣の自分たちのトラックの上のロッキングチェアに座っている）

少年　ハニー、私たちの親だろう？

（拍手喝采）

サンデル　どれが好きだったかは聞くまでもないね。『ザ・シンプソンズ』だという人（拍手喝采）。シェイクスピアの人は？（軽い笑）『フィア・ファクター』はどうだろう？　『フィア・ファクター』がよかった人。本当に？（一同笑）

シェイクスピアよりも、シンプソンズのほうが好きだと言う人が圧倒的に多かった。では、少し質問を変えてみよう。どれが最高の経験、最高の喜びだったと思うかな？　シェイクスピアだと思う人は？　『フィア・ファクター』だと思う人は？（一同笑）いや、そんなわけない。本当？（一同笑）理由は？　どうぞ、話して。

ネイト　一番面白かったからです。

サンデル　それは分かるが、どれが最も価値のある崇高な経験だったか教えてほしい。

ネイト　僕にとっては愉快なことに価値があります。ほかの人がどう考えるかは、関係ないのではないでしょうか。

サンデル　分かった、君は純粋なベンサム派に属するわけだね。人々の現実の好みを調べて集計するだけにとどまらず、その価値を誰かが判断するのはおかしい、というのだね。なるほど、いいだろう。君の名前は？

ネイト　ネイトです。

サンデル　ネイトか。ありがとう。

では、好きというのは別にして、シンプソンズが実際に高級な経験だと思う人は手を挙げて。いいだろう。

シェイクスピアのほうが高級だと思う人は？ ありがとう。しかし、なぜだろう？　できれば、シェイクスピアが最も高級だと考える人の中で、実際にはシンプソンズのほうが好きだという人の意見を聞きたい。どうぞ。

アニーシャ　シンプソンズは、笑わせてくれるので見ているだけで楽しめます。でもシェイクスピアを楽しむには、読み方や解釈の仕方を誰かに教えてもらわなければなりません。レンブラントの絵画なども同じだと思います。

サンデル　君の名前は？

アニーシャ　アニーシャです。

サンデル　アニーシャ、もし、誰かが君にシェイクスピアのほうがいいと教えたら……。

アニーシャ　はい。

サンデル　君はそれを盲目的に受け入れるのかな？　シェイクスピアのほうが高級だと

ろうか。言ったのは、そう教えられたからなのかい？　それとも自分自身でも納得しているんだ

アニーシャ　シェイクスピアは教えられたからではありませんが、レンブラントはそうです。「レンブラントの絵は凄い」と言われればそう思いますが、実際は彼の絵を分析するよりも漫画を読むことのほうが楽しいと思います。

サンデル　なるほど。君が言うように、文化と伝統の圧力というのもある程度はあるだろう。私たちはどれが良い作品かということを教えられているからね。ほかには？　君。

ジョー　今日のこの講義の中では、シンプソンズが一番楽しいと感じました。でも、もし残りの人生を、三つの作品のうちどれか一つについて考えて過ごすとしたら、僕はシンプソンズと『フィア・ファクター』は選ばないと思います。

深い喜びについてじっくり考えれば、自分自身の視野が広がり、さらに多くの喜びを引き出すことができると思うからです。

サンデル　君の名前は？

ジョー　ジョーです。

サンデル　ジョー。

では君は、残りの人生をカンザスの農場で過ごすことになって、シェイクスピアかシ

ンプソンズのどちらか一つしか見られないとしたら、シェイクスピアを選ぶんだね？

（ジョーうなずく）

ジョン・スチュアート・ミルは、高級なものと低級なものの両方を経験した人は、必ず高級なものを好むと言ったが、実験の結果それは証明されただろうか。

ジョー　別の例を挙げてもいいですか？

サンデル　どうぞ。

ジョー　神経生物学の講義で教わったんですが、ネズミの脳には強烈な快楽をもたらす神経があり、この神経を刺激する方法を学んだネズミは、食べることも忘れて死んでしまうそうです。それだけ強烈な快楽を得られるからです。

僕は、強烈な喜びは生涯にわたって得られる喜びよりも、質の低いものだと思います。もちろん、強烈な喜びを得たいとは思います。でも（一同笑）そうでしょう？（一同笑）本当にそう思ってる（拍手）。

でも、長い目で見れば、ここにいるほとんどすべての人が、束の間の強烈な快楽におぼれるネズミであるよりも、高級な喜びを享受する人間でありたいと考えると思います。

先生の質問に答えると、このことが証明する、いえ、証明するとまでは言いませんが、このことから言えるのは、二つの喜びのうちどちらを選ぶか尋ねられたとき、過半数の人が高級な喜びを選ぶだろうということです。

サンデル　つまり、ミルは正しかったということだね？

ジョー　そうです。

サンデル　ありがとう。誰か、ジョーに反対する人はいないかな。今回の実験で、ミルのテストが十分でないことが分かったと思う人だね。功利主義の枠組みの中で、喜びを高級かどうか区別することは不可能だと考える人は？　どうぞ。

男子学生　人は良いものを選びます。それは相対的なもので、客観的な定義はありませんから、シンプソンズがより好まれる社会もあるでしょう。シンプソンズは誰にでも理解できますが、シェイクスピアを理解するには教育が必要だと思います。

サンデル　なるほど。高級なものを理解するには教育が必要だというのだね。

ミルも、高級な喜びは、理解と教育を必要とすると言っている。その点は争っていない。そして、一度教育されると、人は高級なものと低級なものの違いが分かるようになり、さらには、実際に低級なものより高級なものを好むようになるというのだ。

ジョン・スチュアート・ミルの有名な一節がある。

「満足した豚であるより、不満足な人間であるほうがよい。満足した愚者であるより、不満足なソクラテスであるほうがよい。その愚者がもしこれに異を唱えたとしても、それは愚者が自分たちの側のことしか知らないからにすぎない」

ここからも、低級な喜びと高級な喜びを区別しようとする姿勢が見て取れる。美術館に行くか、家のソファーでビールを飲みながらテレビを見るか。ときには、私たちも後者の誘惑に負けることはある。それはミルも承知している。

しかし、私たちは、ものぐさにそうやってだらだらと過ごしている間も、美術館でレンブラントの絵をじっと見れば、もっと高級な喜びを得られるということを知っている。どちらも経験しているからだ。

そしてレンブラントを見るのが高級なのは、それが人類の高度な能力に関わっているからだ。

個人の権利が尊重されていないという反論に対しては、ミルはどう答えようとしただろうか？　ある意味では、彼は同じような論拠を使っていて、それは第五章に出てくる。彼はこう言った。

「私は効用に基づかない正義の架空の基準を作り出す、どのような見せかけの理論にも異議を唱える。一方で、効用に根差した正義こそがすべての道徳性の主たる部分であり、比類なく、最も神聖で拘束力を持つものであると考える」

つまり、正義はより高級なもので、個人の権利は特権的だが、功利主義の条件から外

ジョン・スチュアート・ミル

「満足した豚であるより、
不満足な人間であるほうがよい。
満足した愚者であるより、
不満足なソクラテスであるほうがよい。
その愚者がもし異を唱えたとしても、
それは愚者が自分たちの側のことしか
知らないからにすぎない」

「私は効用に基づかない正義の
架空の基準を作り出す、
どのような見せかけの理論にも異議を唱える。
一方で、効用に根差した正義こそが
すべての道徳性の主たる部分であり、
比類なく、最も神聖で拘束力を持つものであると考える」

「正義とはある種の道徳的要請の名称であり、
これを集合的に見れば、
社会的効用はほかの何よりも大きく、
ほかの何よりも優先されるべき責務なのである」

⇓

正義を行ない、権利を尊重すれば、社会全体が向上する。

れない場合においてのみ尊重されるということだ。

「正義とはある種の道徳的要請の名称であり、これを集合的に見れば、社会的効用はほかの何よりも大きく、ほかの何よりも優先されるべき責務なのである」

正義は神聖で、最優先されるべきものであり、それより劣るものと簡単に交換できるものではない。しかし、その理由は、究極的には功利主義の考え方に基づいたものである。このようにミルは主張する。

「私たちが考慮すべきなのは、人類全体の進歩と、長期的な利益である。もし、私たちが正義を行ない、権利を尊重すれば、最終的に社会全体が向上するだろう」

この考え方に、説得力はあるだろうか？　それともミルは、質の高い喜びや神聖で特に重要な個人の権利について論じることで、知らず知らずのうちに、功利主義の枠の外に踏み出してしまったのだろうか？

ここでは、その問いに答えることはできない。権利と正義を論じるためには、一旦功利主義から離れ、別の方法で権利とは何かを説明し、それらの考え方が成功しているかどうか確かめなければならないからだ。

ところで、道徳と法哲学の考え方として、功利主義を唱えたジェレミー・ベンサムは、一八三二年に八五歳で亡くなった。しかし、今でもロンドンに行けば、文字どおり彼に会うことができる。彼は「自分の遺体に防腐処理をしてロンドン大学に飾ってほしい」という遺言を残していた。それは実行され、ベンサムは本当に生前着ていた洋服に身を包み、ガラスケースの中に座っている。亡くなる前、ベンサムは彼の哲学に関連するある問いに答えた。

「死者はどのような形で、人の役に立つことができるか？　一つは、解剖学の研究のために遺体を使わせることだ。しかし、偉大な哲学者の場合は、未来の思想家を刺激するために、その肉体を保存するほうがよい」（一同笑）

剥製になったベンサムを見たいかい？　さあどうぞ。これだ（写真を見せる。一同笑）。

ところで、近くでよく見ると分かるが、本物の頭は防腐処理に失敗したので代わりに蠟《ろう》の頭が付けられている。そして足元に目をやると、そこには本物の頭が置いてある。皿の上に（一同笑）。分かるかな？　ここだ。

では、この話の教訓は何だろう。

ところで、大学はベンサムの体を会議につかせて、議事録には「出席したが投票せず」と書いているそうだ（一同笑）。

これぞ哲学者だ。生きている間も死んでからも、自分の哲学の原理に忠実だった。次回は権利について続けよう（拍手）。

〔小林正弥教授による解説〕

この回は、ベンサムと並ぶ代表的な功利主義者のもう一人、ジョン・スチュアート・ミルの理論を中心にしています。ジョン・スチュアート・ミルは、ベンサムの理論を引き継ぎながら改善を加えて、「人間の好みとか、喜びに質の差があるのではないか」という議論を提起したのですね。

彼の最も有名な言葉の一つとして、講義でも出てきた「満足した愚者よりも不満足なソクラテスのほうがいい」という言葉があります。愚者とソクラテスという対比が表しているように、「人間の行為に質の違いがあるのではないか」という問いがここにはあり、そして、これは「美徳などの倫理的成長を考えることが必要ではないか」という問いに密接につながっています。

このことを学生さんに考えて欲しいと思って、教授はアメリカの最近流行っている二つのドラマとシェイクスピアの演劇を直接見せて、反応を見てみました。そうすると学生さんたちの多くは、やはり最近の流行っているドラマのほうが面白いと思うのですけれども、「高級なのはシェイクスピアのほうではないか」と思う学生さんもいましたね。この古典的で重要な問題を考える上で、教授の実験はとても面白い結果を引き出したと思います。

サンデル教授は、ミルのこの議論が功利主義の枠内のものかどうか、という問いを提起しています。この議論は、質の高低を考える点において、実は一連の講義の最後の方で教授が提起する目的論に一歩近づくような議論なのです。

第3回 「富」は誰のもの？

レクチャー1
「課税」に正義はあるか

サンデル　前回までの講義では、ベンサムの功利主義への批判に対するジョン・スチュアート・ミルの反論について考えた。

ミルは『功利主義論』という著書の中で、彼の説を批判する者に対し、功利主義の枠組みの中で「高級な喜びと低級な喜びを区別することは可能だ」ということを示そうとしている。私たちはその考えをアニメ『ザ・シンプソンズ』とシェイクスピアの抜粋で試してみた。

しかし、ミルの考えに疑問を感じざるをえないような結果が出た。君たちの多くはシンプソンズのほうが好きだが、シェイクスピアのほうが高級であり、価値のある喜びだと考えた。この結果はミルの主張とは異なる結果だ。ミルは『功利主義論』の第五章で、個人の権利と正義が特に重要であることを説明しようとしているが、これについてはどうだろう。

ミルは、個人の権利は特に尊重されるべきものだと考えている。実際、正義とは道徳の最も神聖な部分であり、他とは比べようもないほど拘束力の強い部分であるとまで言っている。[1]

しかし、ミルの主張のこの部分についても、同じ疑問を呈することができると思う。なぜ正義は道徳の中でも最も重要で、他とは比べようもないほど拘束力が強いのか。ミルは、もし私たちが正義を行ない、権利を尊重すれば、長い目で見たとき社会は全体としてよい方向へ向かうからだと言う。本当だろうか。

もし、例外を設けて、個人の権利を侵害したところ、人々の暮らしがよくなるようなケースがあったらどうだろう。だとしたら、人を利用しても構わないのだろうか。正義と権利についてのミルの考え方には、さらなる反論が可能だ。

ミルが言っているように、長い目で見れば、功利主義の計算法が正しく機能するとしよう。個人の権利を尊重することで全員の暮らしがよくなっていくと仮定しよう。

しかし、これが正しい理由だろうか？　それだけが人を尊重する理由なのだろうか？

もし医者が健康診断に来た健康な人から五人の患者を助けるために臓器を摘出したとす

れば、長期的に見れば悪い影響が出てくる。いずれは人々にこのことがバレ、健康診断に行くのをやめてしまうからだ。

でも、それが正しい理由なのだろうか？　医者としてどこも悪いところはない健康な人から臓器を摘出しない唯一の理由は、そういう形で彼を利用すると、長い目で見ればもっと多くの命が失われるからなのだろうか。それとも他の理由があるのか。個人として本能的にその人を尊重しなければならないと感じているからなのか。その理由が重要なものであるならば、ミルの功利主義ではもはや説明できないのではないか？

ミルの主張に対するこの二つの懸念・反論を十分に検討するために、さらに深く考えてみよう。「高級な喜び」あるいは「より価値のある喜び」について考えるとき、喜びの価値に対して個人の道徳の規準を独立して示すことのできる理論があるのか。あるとしたらどのようなものか。これが質問の一つ目。

正義と権利の問題について[2]は、厳密には功利主義とは言えない「人間の尊厳」や「他人の尊重」という概念にミルが知らず知らずに寄りかかっているとするならば、ミルで

❖キーワード❖

1　「個人の権利と正義は特に尊重されるべきものだ」　ジョン・スチュアート・ミル

さえ持っているこの直観について説明できるさらに強力な権利理論があるのではないだろうか。

つまり、他人を尊重する理由・人を利用しない理由は、長期的な「効用」をもしのぐ[3]のである。

今日は、そういった強力な権利理論の一つを考えていこう。その権利理論では、個人はより大きな社会の目的のために、もしくは「効用」を最大化させるために使われる単なる道具ではない、とされる。

個人は尊重される価値のある独立した人生を持つ独立した存在である。だから、強力な権利理論では、人々の好みや価値観を足し合わせることによって正義や法律について考えるのは間違っているとされる。

今日、私たちが取り上げる強力な権利理論は「リバタリアニズム[4]［自由原理主義、市場原理主義］」である。

リバタリアニズムは、個人の自由や所有権を含む権利を非常に重要と考える。[5]まさに私たちは分離した個人的存在であるため、社会が期待する――あるいは考え出す――いかなる用途にも利用されてはならない。まさに私たちは個人的な分離した人間であるがゆえに、自由という基本的な権利を持っているのだ。だから、私たちは自由に選択する権利、自分の望むように人生を生きる権利を持っている。ただし、他人が同じようにする権利を尊重するという条件のもとにおいて。これが基本的な考え方だ。

リバタリアニズムを奉じる哲学者の一人、ロバート・ノージックは、著書の中で次のように言っている。

「個人には権利がある。その権利はあまりにも強く、広範囲に渡るため、国家が行なうことがあるのか、あるとすればそれは何か、という疑問を提起する」[6]

リバタリアニズムでは、政府や国家の役割はどう考えられているだろうか。[7] ほとんどの近代国家が行なっていることで、リバタリアニズムからすれば誤りであり不当である

❖キーワード❖

2 「人間の尊厳」「他人の尊重」という概念

3 他人を尊重する理由・人を利用しない理由

長い目で見れば、長期的な「効用」をもしのぐ。

4 リバタリアニズム＝自由原理主義　市場原理主義

5 リバタリアニズムは、個人の自由や所有権を含む権利を非常に重要と考える。

6 「個人には権利がある。その権利はあまりにも強く、広範囲に渡るため、国家が行なうことがあるのか、あるとすればそれは何か」

ロバート・ノージック

ことは三つある。

一つは父親的な干渉主義［家父長主義、paternalism］の立法だ。これは、人々が自分を守ることを強制する法律だ。たとえばシートベルト着用、オートバイのヘルメット着用など。リバタリアニズム論者［＝リバタリアン］は、シートベルトを締めるのはいいことかもしれないが、締めるかどうかは個人にゆだねられるべきだと言うのだ。国家や政府には法律によってシートベルトを締めるよう無理強いすることはできない。それは強制だ。だから干渉主義的な立法を否定する。これが一番めだ。

二番目は、道徳的な立法の否定だ。法律の多くは市民の美徳を促進しようとしたり、全体としての社会の道徳的価値観を表現しようとしたりしている。リバタリアンは、それも自由に対する権利の侵害だとする。

古典的な例を挙げると、道徳を推進するという名のもとに、同性愛者の間の性的な親密さを禁止する法律がかつては存在した。リバタリアンに言わせれば、他の誰も危害を被っておらず、誰の権利も侵害されていない。だから国家は、美徳の促進ないしは道徳的な法律の制定という事業からは完全に撤退すべきだ、と言うのだ。

そして三番目、リバタリアニズム的な哲学においては、所得や富を裕福な者から貧しい者に再分配するという目的で作られた課税法や政策はいかなるものでも認められない。

リバタリアンに言わせれば、再分配はある種の「強制」である。それは民主主義に限って言うならば、国家ないしは多数派が、成功していて大金を稼いでいる人から盗むのに等しい。ノージックをはじめとするリバタリアンたちが、唯一存在を認めているものは、社会の全員が必要とする国防、警察、契約や所有権を実行する司法制度を維持するために課税する、最小限の国家だけ、それだけだ。

リバタリアニズム的な見方のこの三番目の点についてみんなの意見を聞きたい。賛成の人、反対の人、それからその理由を聞いていきたいが、まず話を具体的にするために、そして現状の問題が何かを知るためにアメリカの富の分配(8)を見ていこう。アメリカは民主主義が発達している国家の中で、富の分配が最も不平等な社会の一つだ。

❇キーワード❇

7　リバタリアニズムによる政府の見方
(1)　父親的干渉主義の立法の否定
(2)　道徳的な立法の否定
(3)　富者から貧者への所得の再分配の否定

8　米国の富の分配
人口の一〇％＝富の七〇％を所有

さあ、これは公正だろうか、公正ではないだろうか。リバタリアンは何と言っているだろうか。リバタリアンたちは、私が今挙げた事実だけでは分配が正しいか正しくないかは知ることができないと言う。傾向や分配や結果を見ただけでは、それが公正かそうでないかは判断できない。どのようにしてそうなったかを知る必要がある。最終状態や結果だけを見るのではなく、二つの原則を考える必要がある、というのだ。

ノージック(9)は一つ目の原則を「取得の正義」または「最初の保有」と呼んだ。この意味は、収入を得るための手段を公正に取得したかということだ。つまり、「最初の保有」に正義があったかどうかを知る必要がある。その人たちは土地や工場や物を盗んで金を稼ぐことに成功したのだろうか。正当に取得したものであるなら、一つ目の原則は満たされたことになる。

二つ目の原則は、その分配が自由な意思決定によるものかどうかだ。人々は市場《しじょう》で物を買い、取引をする。みんなも知っているとおり、リバタリアニズム的な正義の概念は、自由市場の正義の概念と一致している。自分が使う物を盗んだのではなく公正に取得し、個人の自由選択による売買の結果、分配が生じたとしたら、その分配は正しい。そうでなければ公正ではない。

では、議論を分かりやすくするために、実際の例を一つ挙げよう。アメリカで最も裕福な人、世界一の金持ちは誰か（学生たち、口々に名前を挙げる）。
マイクロソフト社創立者のビル・ゲイツ[10]だ。そのとおり。彼だ（写真を示す。一同笑）。大金持ちになれば、笑顔になるさ（一同笑）。
ビル・ゲイツの資産はどれぐらいか見当がつく人？（学生たち、口々に金額を言う）すごい数字だ！（一同笑）
クリントン政権の間、論議を呼んだ政治資金提供者の問題を覚えているかな？　選挙への大口献金者はホワイトハウスのリンカーン・ベッドルームに一晩招待された。五万ドル以上寄付したらだったと思う。だとしたら、ビル・ゲイツは今後二二〇〇年間、リンカーン・ベッドルームに泊まり続けられることになると計算した人がいたっけな（一

❖キーワード❖

9　ノージック
何が所得の分配を公正にするのか
(1)　取得の正義（最初の保有）
(2)　移転の正義（自由市場）

10　マイクロソフト社会長　ビル・ゲイツ
推定資産　四〇〇億ドル（二〇〇九年　フォーブス誌より）

同笑)。

ビル・ゲイツの時給はいくらか、計算した人もいた。ビルがマイクロソフト社を立ち上げてから、一日一四時間働いたと仮定して計算した(一九七五年創立)。まあ、妥当な仮定だね。その結果、ビルの報酬のレートは一五〇ドル以上になった。これは一時間当たりでも一分当たりでもない、一秒当たり一五〇ドルだった!(一同笑)

つまり、ゲイツが会社に行く途中、道に一〇〇ドル札が落ちていることに気づいても、立ち止まって拾う価値はないということになるね(一同笑)。

君たちのほとんどは、「これだけ大金持ちなら課税してもいい、そして教育を受けられなかったり、食べるものや住むところがなかったりする人たちのニーズを満たすべきだ」と言うんじゃないかな? 彼らのほうがずっと困っているんだからね。

功利主義者だったらどうするだろう。どのような課税方針を取るだろうか。一瞬にして再分配するんじゃないかな? それだけの金持ちなら、取られてもきっと気づかないぐらいの金額であっても、最下層の人々の生活や福祉を大きく改善することができるからだ。

しかし、リバタリアニズムにおいては、人々の好みや満足をそのようにただ集計することはできないとされている。人は他人を尊重しなければならない。他人の権利を侵害することなく、「取得の正義」と「移転の正義」という二つの原理[11]に従って公正に稼いだ金であれば、その金を取り上げるのは間違っている。それは「強制」だからだ。マイケル・ジョーダン[12]はビル・ゲイツほど金持ちではないが、かなりの金持ちだ。マイケル・ジョーダンを見てみるかい？　これが彼だ！（写真を示す。一同笑）

ジョーダンはプレーによる収入が一年で三一〇〇万ドル、ナイキ等の企業との契約による収入が四七〇〇万ドル。つまり年収七八〇〇万ドルということになる。「貧しい人たちに食べ物や住む家や医療や教育を与えるために、稼ぎの三分の一を政府に寄付しろとジョーダンに要求することは『強制』だ。それは公正ではなく、彼の権利を侵害している。ゆえに再分配は間違っている」

この議論に賛成の人、つまり貧しい人たちを助けるためであっても再分配は間違って

❖キーワード❖

11　取得の正義　移転の正義

12　プロバスケットボール選手　マイケル・ジョーダン

プレー　三一〇〇万ドル

企業から　四七〇〇万ドル

⇓年収　七八〇〇万ドル

いると思う人はどのくらいいるかな？　ではこの議論には反対の人はどのくらいいるかな？

よし、反対の人の意見から聞こう。再分配に反対するリバタリアンの主張のどこが間違っていると思う？　君。

男子学生1　ジョーダンのような人は社会から一般の人よりは大きな贈り物をもらっているのですから、再分配によってそれを返す、より大きな責務を負っていると思います。ジョーダンも、一日十数時間洗濯をしている人と同じぐらい必死にやっているかもしれませんが収入ははるかに多いわけで、それをすべてジョーダンが一生懸命やったからだと言うのは違うと思います。

サンデル　結構。では次にリバタリアニズムを擁護する側の意見を聞こう。貧しい者を助けるためでも、金持ちに課税するのは間違いだと思う人は？

ジョー　ジョーです。僕のスケートボードのコレクションは一〇〇個ぐらいあります。僕が一〇〇人の社会に住んでいるとして、突然、みんながボードを欲しいと思い、僕のボードを九九個持っていってしまったとします。それは公正ではないと思います。

でも、ある種の状況では、そういう不正を見過ごす必要があるとは思います、難破した船の少年が殺されたのは仕方ない、というように。生死がかかっている場合は不正を見逃す必要もあるでしょうが、人の所有物や資産を取り上げることは不正だということを覚えておくべきです。

サンデル　じゃあ、飢えている人に食べ物を与えるためでも、ジョーダンに三三％の税率で課税するのはやはり間違いであり、盗みだと言うわけだね？

ジョー　ええ、不正だし、盗みです。でも、その盗みを見逃す必要もあるかもしれない。

サンデル　でも盗みは盗みなのだね。

ジョー　はい（一同笑）。

サンデル　なぜそれが盗みなのかな？

ジョー　なぜなら……。

サンデル　君のボードを取り上げるのと同じになる理由は？

ジョー　僕の意見では、そしてリバタリアンの意見では、彼はその金を公正に稼いだのですから彼のものです。それを取り上げれば、定義によって盗みになります。

サンデル　今のジョーの意見に反論のある人は？　君。

女子学生１　あなたは一〇〇個もスケートボードを持っているんだから、政府が九九個を取り上げたとしても、何の問題もないと思います。そんなにたくさんボードを持っていたってどうせ使いきれないんだから、政府がその一部を取り上げて分け与えても、ちっとも悪くないじゃないですか？

政府が富を再分配しない社会に住んでいたら、金持ちはどんどん裕福になっていってしまい、貧しい人はいつまでも貧しいままです。架空の社会ではなく現実の社会ではスタート時点ですでに差がついてしまっているわけですから、一生人より低い賃金で働くことになってしまいます。

サンデル　ある程度の富の再分配がなければ、底辺に取り残された人には「機会の平等」が与えられなくなる、ということだね。

女子学生　（うなずく）

サンデル　結構。

課税は盗みだという考え。ノージックはその考えをもう一歩進める。ノージックは、課税は盗みだと考えている。彼はジョーよりもっと厳しい。ジョーは「盗みは盗みだが、極端な状況においては許される」という意見だったね。腹をすかせた家族にやるためにパンを盗む親は許される。ジョー、君は自分を何て呼ぶ？　思いやりのある準リバタリアン？（一同笑）

ノージックは、税金を課することは所得を取り上げることに等しいと言う。[13]言いかえれば、それは、労働の果実を取り上げることを意味する。国家が個人の所得や労働の果実を取り上げる権利を持っているとすると、それは道徳的に国家が個人の労働の一部を要求する権利を持っていると言うに等しい。ならば、課税は道徳的に強制労働に等しい。なぜなら、強制労働は必然的に、個人の余暇や時間・努力を取り上げることになるからだ。それは、課税は人が働いて稼いだ所得を取り上げるのと同じである。

ノージックたちリバタリアンにとっては、再分配のための課税は盗みであるが、盗みだけではなく人間の人生と労働からある程度の時間を要求することと道徳的に等しい。だから、課税は道徳的に強制労働に等しい、となる。

国家に個人の労働の果実を要求する権利があるなら、個人の労働そのものに対する権利もあることを暗示している。では、強制労働とは何か。ノージックが指摘する強制労

❖キーワード❖

13　ノージック

課税に反対する議論

課税＝所得の取り上げ

＝強制労働

＝奴隷制

＝自己所有の原理の侵害

働とは何だろうか。それは奴隷制だ。

個人に自分自身の労働に対する独占権はないのだとしたら、政府もしくは政治団体が、個人の部分的所有者だということになる。国家が個人の部分的所有者になるとはどういうことか？

それは、「私は奴隷だ」ということだ。自分が自分を所有していないことになる。この一連の論理展開から明らかになるのは、権利に対するリバタリアンの考え方の根本的な原理だ。

その原理とは何か。自分を所有するのは自分だという考え方、自己所有の考え方だ。[14] 権利を重要なものだと考えるのなら、人間を単に「好みの集合体」とは見なしたくないのなら、そこから導かれる根本的道徳的概念は、私たちは自分自身の所有者、持ち主だという考え方だ。

それこそが、功利主義が破綻した理由だ。[15]

だからこそ、健康な人間から臓器を摘出するのは間違っているのだ。人間は、他人に属しているのでも、コミュニティに属しているのでもない。自分自身に属しているのだ。同じ理由で、自分で自分を守ることを強制する法律を作ったり、いかに生きるべきか、どのような美徳に従って生きるべきかを指図したりする法律を作ることも間違っているし、貧しい人を助けるという大義のためであっても、裕福な人に課税するのも間違っている。施しを頼むのはいい。しかし、課税するのは、強制労働を課すのと同じことなのだ。

君たちは、マイケル・ジョーダンに、「来週の試合をさぼって、ハリケーン・カトリーナで住居を失った人々を助けに行ってほしい」と頼めるかな？　道徳的にはそれと同じことだ。だから、それでは課していることが大きすぎる。

リバタリアニズムに対する反論もあったね。だがリバタリアニズムを否定するなら、「個人の所得を取り上げるのは、個人の労働を取り上げることと同じであり、個人の労働を取り上げることは、個人を奴隷にするのと同じことだ」という論理展開を論破しなければならない。

リバタリアニズムに反対の立場の人は、反論を用意しておくように。次回はそこから始めよう（拍手）。

◈キーワード◈

14　権利に対するリバタリアンの考え方の原理＝自分を所有するのは自分だ。
15　自己所有の原理の侵害＝功利主義が破綻した理由

〔小林正弥教授による解説〕

この講義では、ビル・ゲイツとかマイケル・ジョーダンという非常に有名な人たちの例を取り上げながら、経済的にも政治的にも重要な議論を説明していますね。ここで取り上げられているのは、今度はリバタリアニズムという考え方です。

この考え方は基本的には「豊かな人から税金でお金を多く取り上げて貧しい人のために社会保障でお金を使う」という考え方に対して非常に反対をするのです。

ここで注意しなくてはいけないのは、その政策的帰結だけではなく、その論理です。税金で豊かな人からお金を取り上げるという社会保障の考え方が正義に反するのであり、その結果が（非効率、経済成長を妨げるというように）悪いのでなくて、正義に反するのだからいけない。前回までの功利主義の論理とは違って、こういうことを強く主張するのがリバタリアニズムなのです。

ある意味でこれはアメリカだけではなくて全世界に影響を与えている考え方で、日本でも規制緩和とか民営化といった考え方と密接な関係があります。

サンデル教授はこういったリバタリアニズムに反対する立場から理論を展開しているのですが、これはアメリカでは非常に強力な議論ですので、時間を割いて講義をしています。公共哲学の議論、政治哲学の議論が現実の世界と密接な関係を持つことが分かる点でも、このリバタリアニズムについての講義はとても大事だと思います。

レクチャー2
「私」を所有しているのは誰？

サンデル これまで、リバタリアニズム［自由原理主義］について話をした。ここからもまた、所得の再分配に対して賛成か反対かの議論をしていきたい。

だがその前に、「最小限国家」[16]（minimum state）について一言言っておきたい。

リバタリアニズムの経済学者、ミルトン・フリードマンは、私たちが当たり前のように政府に帰属していると思っている機能の多くは、実はそうではないと指摘している。それらの機能は父親的な干渉主義だ。

フリードマンは社会保障制度を、その一つの例に挙げている。フリードマンいわく、稼げるときに退職後に備えて貯金をするのはいい考えだ。しかし、「人々が貯金をしたいかどうか」にかかわらず、収入のうちいくらかを退職後に備えて蓄えておくよう強制するのは、人間の自由の侵害であり間違っている。もし、賭けに出たかったり、「今日という日をデッカく生きられれば退職後は貧しくてもいい」と思う人がいたら、それはその人の選択である。リスクを負うかどうかは、その人が自由に選んでいいのだ。

だから、社会保障制度でさえ、ミルトン・フリードマンが主張する最小限国家とは相容れないのである。警察や消防等の集合財は公的に提供されない限りは「フリー・ライダー問題」を生み出す。フリー・ライダーとは、活動に必要なコストを負担せず利益だけを享受する人のことだ[17]。

しかし、フリー・ライダーを防ぐ方法はある。集合財［公的サービス］としか思えない消防のようなサービスでさえ、制限する方法はあるのだ。

少し前に、会員制の消防会社についての記事を読んだ。アーカンソーの「セーラム消防会社」だ。この消防会社に登録し年会費を払うと、自宅が火事になった場合、火を消しに来てくれる。しかし、この会社は誰の火事でも消してくれるわけではない。会員の

❖キーワード❖

16　最小限国家

17　フリー・ライダー＝活動に必要なコストを負担せず利益だけを享受する人。

家が火事になったら消火してくれる。火事が燃え広がり、会員の家に迫ってきたときも消火してくれる。

新聞の記事は、以前この消防会社に登録していたが、契約を更新していなかった家主の話だった。彼の家が火事になった。消防会社の面々はトラックで到着し、家が燃えるのをただ見ていた。火が燃え広がらないかどうか見ていたのだ。消防主任は尋ねられた。いや、正確には主任ではなく、CEOだったと思う（一同笑）。「消火器を持っているのになぜ、家が燃えているのを放っておくのか」

そう尋ねられた彼は、「会員の不動産に危険がないことが確認できたら、我々は規則により撤収するしかない」と答えた。「すべての火事に対応していたら、会員になるメリットはなくなってしまう」と。

このケースでは、家主は火事の現場で契約を更新しようとしたが（一同笑）、会社の代表は拒否した。備えを怠っておきながら後から保険に入ることはできない。私たちが当然のように政府の提供する公的なサービスだと思っているものですら、その多くは制限を加えることが可能であり、金を出した人たちだけへの独占的なサービスにすることもできる。これらはすべて、集合財についての問題とか、父親的干渉主義に対するリバタリアンたちの禁止令に関わることだ。

そろそろ再分配についての議論に戻ろう。小さな政府についてのリバタリアニズム的主張の根底にあるものは「強制」への懸念だ。しかし、強制がなぜいけないのだろうか。リバタリアンたちの答えはこうだ。誰かを強制すること、一般的な福祉のために誰かを利用することは間違っている。なぜならば、自分を所有するのは自分であるという根本的な事実、自己所有という根本的な道徳的事実を問題とすることになるからだ。

リバタリアンが再分配に反対する論拠は、「自分を所有するのは自分だ」[18]という根本的な考えなのだ。ノージックいわく、もし全体としての社会が、ビル・ゲイツやマイケル・ジョーダンから彼らの富の一部を税金として取り立てることができるとしたら、社会が行使しているのはビル・ゲイツやマイケル・ジョーダンへの共有財産権なのだ。

しかしそれは、「自分を所有するのは自分」という根本的な原則に反している。

さて、リバタリアニズム的考え方に対する反論[19]がたくさん出てきた。今日は、ここにいる皆の中のリバタリアンたちに反論に答える機会を与えたい。何人かがブログに参加して名乗りを上げてくれていて、リバタリアニズムに対する反論に答え、リバタリアニ

❖キーワード❖
18　自分を所有するのは自分だ

ズムを論証してくれることになっている。リバタリアニズムの理論を擁護し、反論に答える準備をしてきた人は手を挙げて。名前は？

アレックス　アレックス・ハリス。

サンデル　アレックス・ハリス、君がブログのスターか。こっちに来てくれ。ここを「リバタリアンが集うコーナー」にするからね（一同笑）。他にリバタリアンはいないか？　君の名前は？

ジョン　ジョン。

サンデル　ジョン？

ジョン　シェフィールド。

サンデル　ジョン・シェフィールド。ほかには？　戦う準備をしてきた勇敢なリバタリアンはいないか？　君は？

ジュリア　ジュリア・ロトウ。

サンデル　ジュリア・ロトウ。こっちに来て。リバタリアニズム・チーム結成だ（一同笑）。ジュリア、ジョン、アレックスだ。

チームができたところで、講義とウェブサイトで出てきた主な反論を要約しよう。第一の反論はこれだ。私もそっちに行こう。リバタリアニズム・チームと話したい。

第一の反論は、貧しい者はより金を必要としているというものだ。これは分かりやすい。その必要の度合いは、ビル・ゲイツやマイケル・ジョーダンよりはるかに高いだろう。

第二の反論は、税金を課すのは奴隷制ではない。少なくとも民主的な社会では、税金を課すのは奴隷所有者ではなく議会だからだというものだ。議会は民主的なものであるから……。

笑ってるねぇアレックス、反論に答えられる自信があるからか？（アレックス、うなずく。一同笑）

統治されている者の同意による課税は強制ではない。

第三の反論は、ゲイツのように成功した者は、成功について社会に借りがあるから、

❖キーワード❖

19　リバタリアニズムへの反論

(1)　貧しい者のほうがより金を必要としている。

(2)　統治される者の同意による課税は強制ではない。

(3)　成功した者は社会に借りがある。

(4)　富は部分的に運で決まるので当然のものではない。

税金を払うことでその借りを返すべきだというものだ。
一番目の「貧しい者のほうがより金を必要としている」に反論するのは？

ジョン　僕が。

サンデル　君は？

ジョン　ジョンです。

サンデル　よしジョン、答えを聞こう。マイクを持つよ。

ジョン　貧しい人のほうがより金を必要としているというのはよく分かります。僕だって、ビル・ゲイツが一〇〇万ドルくれたら、いや一〇〇ドルでもくれたら助かります（一同笑）。でも、富の再分配にメリットがあるからといって、所有権の侵害を正当化することにはならないということを理解すべきです。「貧しい人のほうがより金を必要としている」という議論を考えるときでも、「人間は自分自身を所有している」という原則と矛盾してはなりません。人間には所有権があります。それがたとえいいことであれ悪いことであれ、一部の人々の生存にとって必要なことであれ、それが権利の侵害を正当化するわけではありません。

しかし、個人的な慈善事業という道があります。ミルトン・フリードマンがこれを論じています。

サンデル ビル・ゲイツが望めば慈善に金を出すのはいいのだね。
ジョン はい。
サンデル しかし強制するのは間違っているのだね。
ジョン そうです。
サンデル 貧しい人がそれを必要としていても？
ジョン そうです。
サンデル 残る二人も賛成かな？ ジュリア。
ジュリア 「何かを必要としている」ということと、「何かに値する（deserve）」ということとは違うと思います。理想の社会だったら、全員の必要は満たされているでしょうけど、ここでは私たちが何に値するかどうかの議論なので……。
サンデル では、貧しい人はマイケル・ジョーダンから取った税金で助けるに値しないというわけかな？（一同笑）
ジュリア 今までの議論の流れでいけば、値しないと思います。
サンデル ジュリア、もう少しそこのところについて聞かせてほしい。ハリケーン・カトリーナの被災者は深刻な状態にあり、助けを必要としている。それでも彼らは、税金を財源とした連邦政府の支援には値しないのかな？

ジュリア　難しい質問ですね。これは、助けを必要としているけれども、助けには値しないというケースだと思います。でも命を維持できないレベルに達したら助けは必要です。食べ物や住むところがないとか。

サンデル　助けが必要なのと、助けに値するとは別物？

ジュリア　はい。

サンデル　誰か反論がある人は？　君。

ラウル　最初の論点、個人の所有権についてですが、所有権は政府によって制定され施行されています。政府は民主的な政府で、そこには権利を施行する私たちの代表がいます。こういうルールの下で機能している社会の中に住んでいるのですから、課税を通じて資源がどのように再分配されるかは政府に任せるべきです。それがイヤなら、そういうふうに機能している社会に住む必要はありません。

サンデル　結構。君の名前は？

ラウル　ラウル。

サンデル　ラウルのいまの指摘は、まさにこの第二の反論だね。もし統治される者の同意による課税が強制ではないとしたら、それは正当だということだ。ビル・ゲイツもマイケル・ジョーダンもアメリカ国民であり、議会選挙に投票もできるし、他の皆と同じように政策に対する自分の信念を投票によって表明できる。これに対する反論は？　ジョン。

ジョン　基本的に、リバタリアンがこのケースで反対しているのは、下位一〇％のために上位一〇％がすることを、中間の八〇パーセントが決めていることです。

サンデル　おいおいジョン、過半数だぞ。君は民主主義を信じていないのか？

ジョン　それはそうですが……。

サンデル　民主主義においては過半数が支配するというのがルールだろう？　民主主義では過半数が勝つ。民主主義に反対なのか？

ジョン　いえ、民主主義には賛成です、でも……（一同笑）。ちょっと待って。民主主義と衆愚《しゅうぐ》政治(20)とは同じものではありません。

サンデル　衆愚政治？

ジョン　そのとおりです。

ラウル　でも開かれた社会では、君は君の意見を、代表を通して主張することができる。

※キーワード※
20　衆愚政治

もし、統治される者の過半数の同意が君と一致しなくても、君はこの社会に生きることを選んでいるわけだから、過半数が選んだことを受け入れてやっていかなければならないわけだ。

サンデル 結構。アレックス、民主主義についてはどう思う。

アレックス 議会の議員一人に対し、僕の票は五〇万票の中のたった一票にすぎないわけだから、それは自分の所有権をどう行使するか自分で決められるのとは違います。バケツの中の一滴ですから。

サンデル 主張が通らない？

アレックス そうです。

サンデル 否決されたら？

アレックス 税金を払います。税金を払うか払わないか決める権利は僕にはないし、払わなければ刑務所に入れられるか、この国から出て行けと言われます。

サンデル しかし、アレックス。民主主義について論じ、ささやかな擁護をさせてほしい（一同笑）。君は何と言うかな。

私たちは言論の自由のある民主的な社会に住んでいる。選挙演説をして、課税するのは間違っていると市民を説得し、過半数を取ればいいじゃないか。

アレックス　自分の権利を行使するために、二億八〇〇〇万人を説得しなければならないとは思いません。そんな大変なことをしなくても、行使できるべきだと思います。

サンデル　じゃあ君は民主主義に反対なのか？

アレックス　いや、僕は限定された形態の民主主義を支持しています。民主的に決定される事項の範囲を厳しく限定する憲法を持つ民主主義を。

サンデル　そうか。では、基本的な権利がからまなければ民主主義はいい、というわけだね。

アレックス　はい。

サンデル　君が演説をしたら勝てると思うよ。君の主張にもう一つの要素を付け加えさせてほしい。経済の議論、課税についての議論はちょっと横に置いておこう。宗教の自由についての個人の権利が争点になっているとしよう。君は演説で、個人の自由の権利を投票にかけるべきではない、と皆に訴えかけるだろうね？

アレックス　そのとおりです。だからこそ憲法には修正条項があり、憲法改正が大変なものになっているのです。

サンデル　つまり、私有財産に対する権利、マイケル・ジョーダンが自分で稼いだ金はすべて自分のものにできる権利、少なくともそれを再分配から保護できる権利は、言論の自由の権利、宗教の自由の権利と同じように、社会の多数派の意向を負かしてでも守られるべき重要な権利だと言うわけだね？

アレックス そのとおりです。言論の自由の権利があるのは僕たちが自分を所有する権利があり、意見を行使する権利を持っているからです。

サンデル ありがとう。今の民主主義の在り方についての議論に意見がある人は？　そこの君。

アナ 宗教と経済とは同じものではないと思います。ビル・ゲイツがたくさんお金を稼ぐことができたのは、社会が経済的にも社会的にも安定しているからです。政府が最も貧しい層、一〇％を助けなかったら、犯罪を防ぐために警察にもっと税金が必要になるでしょう。必要なものを政府が供給するためにより多くの税金が取られることになってしまうと思います。

サンデル 君の名前は？

アナ アナ。

サンデル 一つ質問だ。なぜ宗教の自由に対する基本的な権利は、アレックスが主張する私有財産の権利とは異なるのかな？　その違いは何だと思う？

アナ なぜなら、社会が安定していなかったら、お金も稼げないし、財産を所有することもできないからです。宗教はもっと個人的なもので、家で自分だけで実践できます。私が信じる宗教上の教えを実践しても、隣の人には影響はありません。でも私が貧しかったら、自暴自棄になって家族を養うために罪を犯すかもしれず、それは他人に影響を与えますから。

サンデル　よく分かった、ありがとう。腹をすかせた家族を養うためにパンを盗むのは間違っているかな？

アレックス　間違っています。

サンデル　よし、じゃあ三人で採決してみよう。君は間違っていると思うんだね？

アレックス　はい。

サンデル　ジョンは？

ジョン　所有権の侵害であり、間違っています。

サンデル　家族を養うためでもか？

ジョン　でもほかに方法があるはずです。盗みを正当化する前に……。僕を笑うのはちょっと待ってください（一同笑）。

盗みを正当化する前に、僕たちがすでに存在すると認めた権利が侵害されていることを考えないと。自己所有権、財産権については、僕たちは「存在する権利だ」と認めたわけですから……。

サンデル それは盗みだ。となれば、所有権は論点ではない。

ジョン ええ、でも……。

サンデル なぜ、家族を養うためでも盗んではいけないのか。

ジョン 先生が最初の講義でおっしゃったとおり、いい結果がもたらされるからといって、その行為が正当化されるとは限らないからです。

サンデル ジュリア、君の意見は？　家族を養うためにパンを盗むこと、子どもが死なないように必要な薬を盗むことは許されるかな？

ジュリア 私は構わないと思います。リバタリアニズム的な論点からでさえ、たくさん持っている人から適宜お金を取って、貧しい人に与えてもいいと思います。でもパンを盗む人は、自分を救うために自分の力で行動しているわけです。自己所有の考え方から言えば、人は自分で自分を守る権利があるはずです。だからリバタリアニズム的な論点から言っても、許されるんじゃないかと思います。

サンデル いい議論だ。さて三番目は、成功した裕福な者は社会に借りがあるという主張だね。すべて自力で成功したわけではない。他の者とも協力して成功したのだから、彼らは社会に借りがあり、それが課税という形で表される。ジュリア、これについてはどうかな？

ジュリア　これについては、私は「割り勘《かん》の社会」みたいなものはないと思います。そういう人たちが裕福になったのは、社会が高く評価することをしたからです。彼らは社会に対してサービスを提供したから、社会がそれに報いたわけであり、その結果、裕福になったわけですから。

サンデル　分かりやすくするために、マイケル・ジョーダンを例に挙げて考えてみよう。ジョーダンがリッチになれたのは、チームメイトやコーチ、プレーの仕方を教えてくれた人たちに助けられたおかげだとしても、彼らはすでにそのサービスの対価はもらっているというわけだ。

ジュリア　はい。ジョーダンのプレーを見ることで、社会は多くの楽しみを得ており、ジョーダンはすでに社会に借りは返していると思います。

サンデル　いい議論だ。この点について意見がある人は？　君。

ヴィクトリア　人が社会の中で生きているとき、「人は自分で自分を所有している」という前提そのものに問題があると思います。社会の中で暮らすには、自己所有［権］を放棄しないと。たとえば私が、嫌いな人を殺したいと思ったとします。それは私の自己所有［権］ですが、社会の一員である以上そうはできません。それは、もし私にお金があったら、人を救えるというのと同じことです。自己所有［権］には限度があります、なぜなら社会に暮らしている以上、他の人のことも考えなければいけないからです。

サンデル　君の名前は？

ヴィクトリア　ヴィクトリア。

サンデル　君は自己所有の基本的な前提に疑問を感じているわけだ。

ヴィクトリア　はい。社会の中で生きることを選んだら、完全に自分を所有はできません。周りの人を無視することはできないからです。

サンデル　よろしい。最後のポイントについてリバタリアニズム・チームの反論を聞きたい。最後のポイントは、ヴィクトリアがいま言ったように「私たちは自分自身を所有していないのではないか」ということに立脚している。ビル・ゲイツやマイケル・ジョーダンが裕福なのは、彼ら自身の努力のみによるものではない。多くの幸運の産物であり、ゆえに稼いだ金はすべて、道徳的に彼らのものだと言うことはできない。反論は？アレックス。

アレックス　良識があれば、あれだけの富を独り占めできるはずはないと言う人もいるかもしれないけど、これは道徳性の問題ではありません。ポイントは、彼らが今持っている物を手に入れたのは、人々に何らかのサービスを自由交換という形で提供したからこそです。

サンデル　よろしい。じゃあ今日の議論から学んだことをまとめてみよう。その前に、ジョン、アレックス、ジュリアの頑張りに感謝しよう（拍手）。

さっき、今日の議論の最後に、ヴィクトリアがリバタリアニズムの論理の前提に疑問を投げかけた。私たちは、本当は自分で自分を所有していないのではないかと言うのだ。

再分配に反対するリバタリアニズムの主張を斥《しりぞ》ける場合、リバタリアニズムの論理展開に切り込む箇所は、論理の最も早い、最も控え目なレベルにしたくなりそうだ。それが、多くの人が、課税とは道徳的に強制労働に等しいという主張に対して異議を唱える理由だ。

しかし、リバタリアニズム的議論の根底にある考え、中核をなす思想についてはどうだろう。「自分が自分を所有する」というのは真実だろうか。その考え方なしでやっていけるのか、リバタリアンたちが避けたいことを避けられるのか。避けたいことというのは、正義という名の下に、一部の人が他の人々の福祉、あるいは一般的な善のために利用されてしまうような社会を作り上げてしまうことである。

リバタリアンは、「人を集団の幸福のための手段として利用する」という功利主義的な考え方を認めない。そして、功利主義的な「個人を利用する」という考え方を止めるには、自分が自分の所有者であるという本能的な考え方が有効だと主張する。それがアレックス、ジュリア、ジョン、そしてロバート・ノージックだ。

自己所有の考え方を疑問視すると、正義論と権利の重要性にはどのような結果がもたらされるだろうか。私たちは再び功利主義に戻り、個人を全体のために利用し、太った男を橋から突き落とすようになってしまうのだろうか。

「自己所有」という考え方は、ノージックが自力で完全に発展させたものではない。ノージックはそれを哲学者のジョン・ロックから借りてきたのだ。ジョン・ロックは、ノージックとリバタリアンたちが使うのと非常によく似た理論展開によって、自然状態からの私有財産説の発生を説明した。ジョン・ロックいわく、私たちが、労働と物、すなわちまだ所有されていない物を混ぜ合わせてはじめて私有財産が発生し、私たちはそれらの物についての所有権を獲得するのである。その理由は、私たちは自分の労働を所有しているからだ。

なぜ自分の労働を所有しているかというと、私たちは自分自身を所有しているからだ。だから、自分自身を所有しているというリバタリアニズム的主張の道徳的な力を検証するには、イギリスの政治哲学者ジョン・ロックの私有財産と自己所有についての説明を検討する必要がある。それを次回にしよう（拍手）。

〔小林正弥教授による解説〕

今回の講義もリバタリアニズムについての説明なのですが、この福祉批判は、「豊かな人からお金を取り上げて社会保障に回すという考え方は、言ってみれば彼らに強制労働させることであって、奴隷制のようなものだ」という非常に厳しいものなのですね。

経済的な観点からも福祉の批判はなされるわけですけれども、リバタリアニズムはあくまで正義という観点から、非常に強い論理的批判を加えているわけですね。

これは「市場こそ最も大事だ。競争こそ大事だ」というような考え方を基礎づけるので、今日、非常に大きな存在感を持っているわけですね。

そしてサンデル教授が自分の議論を展開し始めた頃から今日に至るまで、アメリカ、さらには世界の議論の中心となっており、現実の政策に大きな影響を与えているので、サンデル教授も力を入れてこの説明をしています。

そこで学生さんたちにわざわざリバタリアニズム・チームというものを作ってもらって、リバタリアニズムの議論を展開してもらいました。学生さんたちも勇気を持って、とても明確な議論を展開していたと思いますね。

さらに、この議論は、哲学的な深みを持っているということをサンデル教授は説明しました。

「人間が、バラバラの個々人という存在であって、それぞれのバラバラな人間が自己を所有している」ということがその正義論の哲学的な根拠なのです。

でも学生さんたちは、「本当にそうなのか？」人間はバラバラであるだけでなくて、社会性があるのではないのか？」ということも問いかけていました。

実は、これがサンデル教授が言いたいことであって、教授のリバタリアニズム批判の中心にある考え方なのです。

第4回　この土地は誰のもの？

想像
思考実験

社会契約論

同意による政府
→革命権

ロジック → ロック

批判

生命・自由・財産
所有権プロパティ

労働
↓
所有権

自然権
うまれながらにして
もっている権利

現実的な要求

王権神授説『統治二論』

前半
否定
神による
統治

後半
人による
統治

自然権

レクチャー1
土地略奪に正義はあるか

サンデル　今日はジョン・ロック[1]を取り上げる。一見したところ、ロックはリバタリアン［自由原理主義者］の強力な味方だ。まず彼は、今日《こんにち》のリバタリアンが主張しているように、ある考え方を信じていた。
　それは、たとえば代議政府や民主的に選ばれた政府であっても、政府が覆せないある種の個人の基本的権利が存在するというものだ。

❖キーワード❖

1　ジョン・ロック（一六三二－一七〇四）
イギリスの哲学者。アメリカ独立宣言に大きな影響を与えた。

それだけではなく、彼はそういった基本的権利には、生命・自由・財産に対する「自然権」が含まれていると信じていた。さらに彼はこう論じている。所有権は単なる政府や法律の創造物ではない。財産を保有する権利は、政治以前のものであるという意味で自然権である。それは、私たち一人一人が人間として本来持っている権利であって、政府が登場する前から、そして議会や立法者が法を制定して権利を定義する前から存在したものなのだ。

ロックは、自然権を持つというのがどういうことかを理解するためには、政府ができる前の状態、法律ができる前の状態を想像してみる必要があると言う。彼はその状態を「自然状態」と呼んだ。

彼は、自然状態は自由な状態だと言う。人間は自由で平等な存在だ。自然状態に階層制は存在しない。「王様に生まれる人もいれば農奴に生まれる人もいる」というのは間違った考え方で、私たちはあくまでも自由で平等なのだ。それでも、彼は自由であることと好き勝手に行動することは違う、と主張した。

なぜなら、自然状態であってもある種の法が存在するからだ。それは「自然法」と呼ばれるもので、立法者が制定するようなものではない。この自然法があるから、私たちは自由であっても、行動は制約される。

では、どんな制約があるのか。

自然法による唯一の制約は、私たちの誰もが持っている権利、つまり自然権を自ら手放すことはできないし、または他人から取り上げることもできない、ということだ。自然法の下では、私たちはほかの人の生命・自由・財産を取り上げることはできないし、もちろん、自分自身の生命・自由・財産を取り上げることもできない。

私たちは自由であっても、自然法を侵害する自由はない。自分の人生を取り上げる自由も、自分を奴隷として売る自由も、誰かに自分を支配する絶対的な力を与える自由もない。君たちから見れば最低限の制約かもしれないが、なぜこのような制約があるのか。ロックはこうした疑問に対して二つの答えを出している。

これが一つ目だ。

「人間はすべて、唯一神、全智全能なる創造主の作品であり、彼の所有物であって、他の誰のためでもなく、彼が喜ぶ限りにおいて生存するように作られている(2)」

❖キーワード❖

2「人間はすべて、唯一神、全智全能なる創造主の作品であり、彼の所有物であって、他の誰のためでもなく、彼が喜ぶ限りにおいて生存するように作られている」　ジョン・ロックつまり、我々が生命・自由・財産の自然権を手放すことができないのは、厳密には、それらが自分のものではないからだ。結局、我々は神の被造物である。そして神は、より大きな所有権、優先される権利を持っているというわけだ。

　しかし、神を信じない者はこの答えに納得できないかもしれない。彼らにはどう説明すべきだろう。ロックはここで人々の理性に訴えた。

　こういう考え方だ。自由であることの意味をよく考えれば、それが「望むことを何でもしていい」という意味でないことが、自ずと分かってくる。このことを意味するロックの言葉がある。「自然状態にはそれを統治する自然法があり、何人もそれに従わなければならない。その法である理性は、人類に、すべての人は平等で独立しており、他人の生命、健康、自由、または財産を害するべきではないと教えている」(3)

　これは、ロックの権利についての説明の不可解で矛盾する部分につながる。ある意味では分かりやすいが、別の意味では奇妙な考え方だ。彼は私たちの自然権は不可譲《ふかじよう》なものだと言う。(4)不可譲とはどういうことか。あげてしまったり取引したり、売ったりすることはできないということだ。

　たとえば、航空券は譲渡できない。NFLのペイトリオッツやメジャーリーグのレッドソックスのチケットもそうだ。人にあげられないチケットは不可譲だ。私はそのチケットを、「自分で使うことはできるが売ることはできない」という限定された意味で所有している。だからある意味で、不可譲の権利、譲渡できない権利の下で私が所有しているものは完全に私のものではない、とも言える。

しかし、不可譲の権利を別の意味で考えると、特に、生命・自由・財産の場合には権利が不可譲なものであれば、それだけ深く完全に私のものになる。それがロックの言うところの不可譲だ。

トーマス・ジェファーソンは、アメリカ独立宣言(5)にロックのこの考え方を生かした。「アメリカ国民には、生命、自由、そして、幸福の追求に対する不可譲の権利がある」というものだ。不可譲の権利とは本質的に自分だけのもので誰にも渡すことのできない

❖キーワード❖

3　「自然状態にはそれを統治する自然法があり、何人もそれに従わなければならない。その法である理性は、人類に、すべての人は平等で独立しており、他人の生命、健康、自由、または財産を害するべきではないと教えている」
ジョン・ロック

4　自然権＝不可譲なもの

5　アメリカ独立宣言
アメリカ国民には、生命、自由、そして、幸福の追求に対する不可譲の権利がある。

権利であり、政府が存在する前から、私たちが自然状態で持ち合わせている権利だ。私たちは、他人の命を取り上げることや奴隷にすることができないように、自分の命を奪うことも、自分を奴隷として売ることもできない。

では、財産の場合はどうだろう。ロックの理論では、私たちは政府が存在する前から私有財産を保有する権利を持っていたことになる。しかし、政府がない状態で私有財産に対する権利が発生することなどあり得るだろうか。それに対するロックの答えだ。「人は誰でも自らの一身に対する所有権を持っている。これについては、彼以外の何者も権利を有しない。彼の身体による労働、手による仕事は、まさしく彼のものであると言ってよい」(6)

そしてロックはリバタリアンと同じような論理を展開した。私たちは、自分自身を所有しているということは、自分自身の労働も所有していることになる。彼はさらにこう主張した。所有されていないものに私たちの労働を加えると、それは私たち自身の所有物になる。「自然が備えておいた状態から取り出すものは何でも自分の労働を交えたものであり、彼自身の何かを付け加えたものであるから彼の財産となる」(7)

なぜか。「労働は、その労働者の疑いの余地のない財産だからだ。よって彼以外の誰かが、彼の労働が加えられたものに対する権利を持つことはない」

だが、これには重要な但し書きがある。「他者のために同じように良いものが十分に残されている限り(8)」

私たちは、収穫した果実や、捕まえた鹿、獲った魚に対してだけ所有権を持っているわけではない。土地を耕して周りを囲み、じゃがいもを育てるのであれば、穫れたじゃがいもだけでなく、それを育てる土、そして大地も所有しているのだ。

「人が耕し、植物を育て、改善した土地から得られる物を利用する限り、その土地は彼

❖キーワード❖

6　「人は誰でも自らの一身に対する所有権を持っている。これについては、彼以外の何者も権利を有しない。彼の身体による労働、手による仕事は、まさしく彼のものであると言ってよい」

ジョン・ロック

7　「自然が備えておいた状態から取り出すものは何でも自分の労働を交えたものであり、彼自身の何かを付け加えたものであるから彼の財産となる」

ジョン・ロック

8　「労働は、その労働者の疑いの余地のない財産であるから、彼以外の誰かが、彼の労働が加えられたものに対する権利を持つことはない。他者のために同じように良いものが十分に残されている限り」

ジョン・ロック

の所有物である。彼の労働が加わることで、それは一般とは区別される」(9)

権利は不可譲という考えは、ロックをリバタリアンから遠ざけるように思える。リバタリアンが言いたいのは、私たちには自分自身に対する絶対的な所有権があるから、望むことは何でもできるということだが、ロックはその考え方の完全な味方ではない。

実際彼は、自然権について真剣に考えれば、私たちが自然権でできることには制約があると気づくはずだ、と言っている。神、あるいは理性によって与えられる制約だ。自由であるとはどういうことかを考えてみれば、権利は不可譲であり、そこには制約があることが分かるはずだというのだ。

これが、ロックとリバタリアンの違いだが、ロックの私有財産の説明に焦点を当てると再びリバタリアンのとても良い味方に見えてくる。

彼は私有財産についてこう考えていた。「私たちは自分自身の所有者であり、その労働の所有者であり、労働の果実の所有者である。自然状態で集めたり、狩りをしたりして手に入れたものだけでなく、囲い込み、耕して改善した土地の所有者でもある」

「労働が加わったことで、誰のものでもない何かがその人の所有物になる」という道徳的直感が、生み出される例はいくつかある。しかし、これはときに論争の的にもなる。

裕福な国と発展途上国の間では、貿易に関連する知的財産権の論争がある。最近の例を挙げると、薬の特許法についての論争だ。

西側の国、特にアメリカは、「私たちには、新薬を開発する大きな製薬業界がある。世界のすべての国に特許を尊重してもらいたい」と言った。それから南アフリカでエイズ危機が起きた。アメリカのエイズ薬はあまりにも高かったので、アフリカではそれを買える人はほとんどいなかった。そこで南アフリカ政府は言った。

「私たちは、アメリカの抗レトロウイルス薬と同じ成分の薬を、それよりずっと安い値段で手に入れるつもりだ。その薬を作る方法を解明したインドの製薬会社を見つけたからだ。特許を尊重しなければ、はるかに少ない金額で大勢の命を救うことができるのだ」

するとアメリカ政府は言った。「それはダメだ。研究に投資し、この薬を作り出した会社はどうなる？　ライセンス料を払わずに、勝手に薬の大量生産を始めることは許されない」

❖キーワード❖

9　「人が耕し、植物を育て、改善した土地から得られる物を利用する限り、その土地は彼の所有物である。彼の労働が加わることで、それは一般とは区別される」　ジョン・ロックこうして論争が起きた。その製薬会社は南アフリカ政府を訴え、より安い、彼らが海賊版と考えるエイズ薬を南アフリカ政府が買うのを防ごうとした。

この件は、最終的にはアメリカの製薬会社が折れて解決することになる。

しかし、この所有権・知的財産権・薬の特許権についての論争は、ある意味では、自然状態における最後の未開拓分野とも言えるかもしれない。今のところ、特許権や所有権に関する国家間の一律の法律はないからだ。国際的な合意により規則が制定されるまでは、その合意の仕方はまちまちということになる。政府や法が存在しない状態でも、私有財産権が生じる、というロックの考え方はどうだろうか。成功しているだろうか。説得力があると思う人は手を挙げて。では、説得力がないと思う人は？

反対意見から聞こうか。同意なしに私有財産権が生じるというロックの説明には、どこに問題があるのか。どうぞ。

ロシェル　彼は、ヨーロッパ人の文化的規範を正当化しようとしていると思います。ネイティブ・アメリカンはアメリカの土地を文明化できなかったけれど、ヨーロッパ人がアメリカ大陸に到着したことにより、そのままであれば起きなかったかもしれないアメリカの発展が実現したからです。

サンデル　つまり、土地の私的所有権を守るための弁護だと思うんだね？

ロシェル　はい。「到着した」というだけでは、その土地を手に入れたとは言いにくいからだと思います。

サンデル　なるほど。君の名前は？

ロシェル　ロシェルです。

サンデル　ロシェル。ロシェルは、ヨーロッパ人が入植した頃、北米で何が起きていたかを考えると、所有権に関するロックの説明はそれに適合していると言う。

ロシェル、つまりそれは、土地の占有を正当化するための弁護だということだね？

ロシェル　はい。ロックは、名誉革命も正当化しています。だから、植民地化を正当化することがあっても不思議はないと思います。

サンデル　なるほど、確かにそれは面白い説だね。賛成意見も多いだろう。

でも、彼の議論の有効性についてはどうだろう？　君の言うように、これは土地を囲っていなかったネイティブ・アメリカンから北米の土地を取り上げることを正当化するものかもしれない。だが、そもそもロックの議論は正しいのだろうか。それとも彼は、単に道徳的に正しくない行ないを正当化しようとしているだけなのだろうか。

ロシェル　後者だと思います。

サンデル　後者か。

ロシェル　個人的な意見ですが。

サンデル　それじゃあ、次は、ロックの私有財産の考え方を支持する人に聞こう。ロシェルは、「それはアメリカの入植者が、ネイティブ・アメリカンから土地を取り上げたことを正当化するための手段にすぎない」と言ったが、これに対する反論が聞けたら面白いね。ロックを弁護できる人はいないかな？　君、弁護できる？

ダン　はい。ロックがヨーロッパ人による植民地化を正当化しようとしたという証拠はありません。たぶん、植民地化は正しくないでしょう。それは彼が『統治二論』の中で言っていた戦争状態です。

サンデル　つまり、ネイティブ・アメリカンと、ヨーロッパ人の入植者の間で起きたことは戦争状態だった。お互いの合意があって初めて起こるものであり、それがなければ始まりえないものだった。

ダン　そうです。双方がそれに同意しなければならなかったはずです。

サンデル　君の名前は？

ダン　ダンです。

サンデル　ダン、さっきロシェルにも聞いたが、土地の所有権についてのロックの議論はどうだろう。これが妥当なものなら、入植者が土地を占有して、そこからほかの者を排除したことは正当化されるのだろうか。ロックの議論をどう評価する？
ダン　ネイティブ・アメリカンは、まだ占有していなかったということですよね？
サンデル　ネイティブ・アメリカンは、狩猟や採集を行なっていたから、土地を囲ってはいなかった。ロシェルもその点は承知していると思う。今聞きたいのは……。
ダン　でも……。
サンデル　どうぞ。
ダン　ロックは、ある特定の土地で、どんぐりを拾ったり林檎をもいだり、バッファローを殺したりすれば、労働によってその土地自体も自分のものになると言っています。だからその定義によれば、ネイティブ・アメリカンも、周りをフェンスで囲っていなかっただけで……。
サンデル　土地を使っていた。
ダン　そうです。だから……。
サンデル　ロックの定義によれば、ネイティブ・アメリカンも、土地の所有権を主張できただろう。
ダン　でも、それを主張する人がいなかった。
サンデル　なるほど。ありがとう。ほかにロックを弁護する人は？　君。

フェン ロックを擁護するために言いますが、彼はほかの人の土地を取ることができない場合もあると言っています。たとえば、人々の共有財産である土地を獲得することはできません。ネイティブ・アメリカンの場合はすでに自分たちの文明を持っていて、土地を共同で使っていたと思います。ですから、そのような共同財産を取り上げることはできません。

サンデル それは面白いね。

フェン また、ほかの人のために土地が残されていることを確かめない限り、土地を取得することはできません。自分が取得したのと同じぐらい良い土地が、ほかの人たちのために十分に残されているかどうか確かめる必要があります。

サンデル そのとおりだ。ロックは、「土地の私有財産権には、ほかの人のために同じくらい、同じように良いものが残されているという但し書きがある」と言っている。君の名前は？

フェン フェンです。

サンデル フェンもある意味でダンと同じで、「ロックの主張には、ネイティブ・アメリカンに有利に展開できる部分もある」と言っている。

では次の質問だ。私有財産権が自然に生じるものであり、政府が誕生する前から私たちが持っているものであるなら、それによって政府のできることはどの程度制約されるだろうか？　ロックは政府をどうとらえていたのか。その点については、リバタリアンに同調的なのか、それとも批判的なのか。それを見極めるために、自然権が社会に入ったらどうなるのかについて考えていきたい。

私たちは、自然状態を離れ、多数派や人間の法のシステムに支配されることに同意して、社会に入っている。しかし人間の法律というのは、それが私たちの自然権を尊重し、生命・自由・財産に対する不可譲の権利を尊重する場合のみ正当なものだ。

どんな議会も、どんな立法者も――それがいかに民主的なものであっても――合法的に私たちの自然権を侵害することはできない。

いかなる法律も、私たちの生命・自由・財産に対する権利を侵害できないというこの考え方は、制限された政府という考え方を主張することになるので、結局リバタリアンを喜ばせることになるように見えるかもしれない。

しかし、リバタリアンはすぐに喜ぶべきではない。確かにロックは、政府が作られた後も、自然法は存続すると言っている。さらに彼は政府を作る目的は、主に所有権を守ることであり、政府はそれに制約されているということを強く主張した。しかし一方で、その何をもって所有権とするか、どうすれば生命や自由を尊重していることになるのか、そういったことを定義するのは政府だ。

私たちの財産や生命、自由が尊重されていて、政府にできることは制約されている。しかしその一方で、何をもって、私たちの生命や財産が尊重されていると見なすかを決めるのは、政府なのだ。

そんなことが可能なのか。矛盾しているのではないか。それとも、ここには重要な区別があるのだろうか。ロックの見方がリバタリアンと一致するかどうか、詳しく確かめるために、次回はロックの考える正当な政府とはどんなものか詳しく見ていこう（拍手）。

〔小林正弥教授による解説〕

今回はリバタリアニズム批判の文脈で、ジョン・ロックの思想について説明していますね。なぜジョン・ロックなのでしょうか。ロックは勿論、近代を代表する政治哲学者で、社会契約論の主張者です。そして同時に、アメリカという国の建国においてロックの思想が大きな意味を持っているからなのです。

そこでアメリカの政治哲学、あるいは政治的な議論において、「自分たちの主張は、ジョン・ロックの思想に即している」というと非常に大きなインパクトを持つ訳です。リバタリアンの人たちは自分たちの考え方の出発点はジョン・ロックにあるということを主張しています。これに対して、ロックの思想をよく読んでみると実は必ずしもそうとは言えないという面もあって、これが大きな議論になるわけですね。サンデル教授はそこにも焦点をあてて説明をしています。

印象的な例として今回は、エイズの薬の話、それからネイティブ・アメリカンの例が挙がっていました。ネイティブ・アメリカンの土地を取ってアメリカという国が建国されたわけですから、この問題もアメリカ建国、そしてアメリカの政治哲学の基本に密接に関わっているのですね。「ロックの思想をどう読むか」という問題とも関わりますけれども、アメリカの国家形成がそういった出来方をしたということ、それからもう一つは、その結果として成立した、私的所有権を絶対化して考えるべきかどうかということが、大きな問題になるわけです。リバタリアニズムは、市場原理主義とも言われることがあるように、私的所有権を絶対化して考えるわけですから、「ロックの思想がその源流なのかどうか。必ずしもそうは言えないのではないか」ということがアメリカの政治哲学の大問題になります。そこで今回は、ジョン・ロックの思想について、サンデル教授が説明をされたわけです。

レクチャー2
社会に入る「同意」

サンデル　前回の講義で私たちは、ロックの自然状態、私有財産についての説明、そして同意による制限された正当な政府とはいかなるものか、といったことを議論し始めた。ロックは、人間には政府を制約するある種の根本的な権利があると信じている。そして、その権利は生まれながらのもので、法律や政府に由来するものではないと言っている。

彼の行なった偉大な哲学的実験は、政府や立法者が所有権を定義する前に、同意なしで私有財産権を持つことは可能なのかということを確かめようとするものだった。それが彼の提起した問いであり、主張したかったことだ。ロックは、他者のために同様の土地が十分に残されている場合に限り、私たちは狩猟や採集の成果だけではなく、土地そのものも所有することができると論じた。

今日は、ロックの哲学の二つ目の重要な概念である同意の問題に取り組みたい。ちなみに一つ目は私有財産だった。同意の働きとはなんだろうか。ここにいる君たちも、この講義の初日に同意という言葉を使った。覚えているかな。

太った男を橋から突き落とすという話をしていたとき、「彼は同意していなかった」と言った人がいた。また、海で遭難した男たちが少年を殺して食べた話では「彼らがくじ引きに同意していたら、問題はなかった」という意見が出た。

ジョン・ロックは、この同意という考えについて論じた偉大な哲学者の一人だ。同意は、政治哲学の分野ではなじみ深い考えだ。ロックは、正当な政府は同意に基づいて設立されたものだと言うが、それは当然のように思える。政治哲学者の理論が、このロックの同意のようによく知られているものである場合、その意味を理解することや、それを面白いと感じることは難しいかもしれない。

しかし、正当な政府の基礎としての同意についてのロックの説明には、いくつかの問題と奇妙な特徴がある。今日はその点について考えていこう。ロックの同意の理論がどの程度妥当で、どのような問題を抱えているかを探るには、「同意に基づいて設立された正当な政府には何ができるのか、そういった政府にはどんな力があるのか」を問う必要がある。

その問いに答えるために、ここで自然状態とはどんなものだったか振り返ってみよう。私たちは、社会に入るにあたり自然状態から離れた。そこには同意があった。だが、なぜ自然状態に止まらずに政府など作ったのか。ロックはこう答えている。自然状態には、いくつか不都合な点がある。それはいったいどんなものか。主として、自然状態では、誰もが自然法を実行できるということだ。誰もが、ロックが呼ぶところの「自然状態の執行者」であり、ロックは文字どおり処刑の執行者であることを意味していた。自然法を破った人がいたら、その人は侵略者であり道理を超えているから、君は彼を罰することができるのだ。

自然状態の中では、処罰の内容を慎重に考える必要はない。君のあとをつけ、殺そうとする人がいれば、君がその人を殺せばいい。それは自己防衛だ。自然状態では、誰もが法を執行する力や人を処罰する権利を持っている。君は、自分の命を奪おうとする者はもちろん、持ち物を盗もうとする泥棒も捕まえて処罰することができる。それも自然法に対する侵略と見なされるからだ。

誰かが第三者から盗んだ場合も君がその泥棒を追うことができる。なぜだろうか。自然法の侵害は、侵略行為だからだ。警察組織はない、判事も陪審員もいない。だから、誰もが自分の事件の判事なのだ。

そしてロックは、人は、自分自身の事件の判事となると我を忘れて、自然状態に不都合を生じさせると言っている。人々が行きすぎた侵略や処罰を繰り返すうちに、いつの間にか、生命・自由・財産に対する不可譲の権利を、享受できなくなってしまうと言うのだ。

彼は、非常に辛辣で残忍な言葉を使って、自然法を侵害した人に対して何をすべきかを描写している。

「人は、戦いを仕掛けてくる人を破壊することができる。（中略）オオカミやライオンを殺すことができるのと同じように。そのような人には力と暴力以外の法則はなく、だからこそ、危険で有害な獣と同様に扱われる。その獣の手に人が陥ればいつでも、必ずその獣は彼を殺すに違いないからである[10]」

自然状態は、一見したところ害のないもののように思える。そこではみんなが自由で、法もあり、人々の不可譲の権利は強力で法の下で完全に守られている。しかし、そんな害のないはずの状態もよく見てみればとても荒々しく暴力に満ちたものだと分かる。だから人々はその状態から離れたくなる。

どうやって離れるのか。そこで「同意」の出番だ。

人が、自然状態から抜け出す唯一の方法はほかのみんなに同意することだ。ほかのみんなとは誰か。それは、協定や社会契約に参加したいと考えるすべての人たちだ。社会契約に参加するために、人は自然状態の執行力を放棄して政府やコミュニティを作り、多数派が決めたことは何であれ従うことに同意しなければならない。

問題は「政府がどんな力を持っているか。そして、多数派は何を決めることができるのか」ということだ。

ここがロックにとって、注意を要するところだ。たとえ多数派の支配に同意したとしても、本来私たちは自然法や不可譲の権利を持っているからだ。覚えているだろうが、市民社会に入ったからといって、それらの権利が無効になることはない。だから、多数派が運営する社会においても、多数派は個人の不可譲の権利、つまり、生命・自由・財産の基本的権利を侵害することはできない。

❈キーワード❈

10　「人は戦いを仕掛けてくる人を破壊することができる。（中略）オオカミやライオンを殺すことができるのと同じように。そのような人には力と暴力以外の法則はなく、だからこそ、危険で有害な獣と同様に扱われる。その獣の手に人が陥ればいつでも、必ずその獣は彼を殺すに違いないからである」

ジョン・ロック

ここで難問が生じる。多数派はどれだけの力を持っているのか。同意によって作られた政府の権限はどれほど制限されているのか。

多数派には、市民一人一人の基本的な自然権を尊重し、実行する責務がある。だからその力は制限されている。私たちは政府を受け入れたからといって、権利を放棄したわけではない。これが独立宣言に生かされたロックの考え方、不可譲の権利だ。

ここで、少し考えてみてほしい。富を均等に分けるために、マイケル・ジョーダンとビル・ゲイツに課税するのには反対だという人がいた。では、「富を多くの人に分けるために少数派に課税するのがなぜいけないか」ということについて、ロックが説明していると思う人は手を挙げて。どうかな？　君。

ベン　もし多数派が、課税すべきだと定めたとしても、少数派は必ずしも支払う必要はないと思います。それは自然権の一つである所有権を侵害することになるからです。

サンデル　なるほど。君の名前は？

ベン　ベンです。

サンデル　ベン。つまり、もし多数派が少数派に対して同意を得ることなく、特別な課税法に基づいて課税したとすれば、それは無断で所有権を取り上げるのと同じことだから、ロックはそれには反対するはずだと君は思うんだね。君の意見を文章で裏付けようと思うんだが、どうだろう。

ベン　いいですね（一同笑）。

サンデル　そうか。君がそう言うと思って持ってきたんだ。テキストを見てほしい。「最高権力は、本人の同意なく、人の財産を一部たりとも奪うことはできない。なぜなら所有権を守ることが政府の目的であり、そのために人は社会に入るのだから、財産を持つことが必然的に想定され、要請されているからである」(11)

私たちが社会に入るのは、所有権を守るためにほかならない。そして、ロックがこの所有権という言葉を使うとき、そこには生命・自由・財産の自然権全体が含まれている。この部分を読む限り、ベンの見解は正しいように思える。

しかし、果たして続きを読んでみても同じことが言えるだろうか？「人は社会において所有権を持っており、物に対する権利はコミュニティの法律により、

❖キーワード❖

11　「最高権力は、本人の同意なく、人の財産を一部たりとも奪うことはできない。なぜなら所有権を守ることが政府の目的であり、そのために人は社会に入るのだから、財産を持つことが必然的に想定され、要請されているからである」
ジョン・ロック

彼らのものとなる」（傍点を打ちながら）ここが重要だ。だから、誰も同意なしに人から財産を奪うことはできない。さらにこう続く。「ゆえに、最高権力ないし立法権によって、人々の財産を意のままに処分したり、ほしいままに取り上げたりすることができると考えるのは間違いである」(12)

ここが難しいところだ。一方でロックは、政府は本人の同意なしに財産を取り上げることはできないとはっきり言っている。財産の自然権があるからだ。

しかし彼は、「コミュニティの法律により、それらは彼らのものになる」とも言っている。そこからは、所有権は自然のものではなく、政府が定義するものだと受け取れる。

そして、さらに読み進めるとますます分からなくなる。

「政府は大きな負担なしに支えられるものではない。政府の保護を享受する者は皆、その維持のための割り当てを自分の財産から支払うべきである」

ここからが重要だ。

「しかし、そこには、本人たち、または彼らに選ばれた代表者によって与えられた、本人の同意、すなわち多数派の同意がなければならない」(13)

これはどういうことか。所有はある意味では自然のものであるが、別の意味では協定によるものである。自然のものというのは、私たちが不可譲の基本的権利を持っていて、そこには所有権も含まれるということを政府は尊重しているからである。だから、所有を恣意《しい》的に取り上げるのは、自然法の侵害であり違法である。

しかし、さらなる問題がある。財産の協定的な側面だ。「何をもって財産とするか、何をもって財産を取り上げたと見なすか」といったことを定義するのは政府なのだ。ここで最初の質問に戻るわけだが、同意はどんな働きをするのだろうか。

同意がなければ、合法的に税金を課すことはできない。それは税金を支払う本人、ビル・ゲイツ本人の同意ではない。私たちが自然状態を抜け出し、最初に政府を作ったと

❖キーワード❖

12「人は社会において所有権を持っており、物に対する権利はコミュニティの法律により、彼らのものとなる（中略）ゆえに、最高権力ないし立法権によって、人々の財産を意のままに処分したり、ほしいままに取り上げたりすることができると考えるのは間違いである」

ジョン・ロック

13「政府は大きな負担なしに支えられるものではない。政府の保護を享受する者は皆、その維持のための割り当てを自分の財産から支払うべきである。しかし、そこには、本人たち、または彼らに選ばれた代表者によって与えられた、本人の同意、すなわち多数派の同意がなければならない」

ジョン・ロック

きに、社会の中にいる私たちが全員で与えた同意だ。これは集合的な同意なのだ。

この解釈によれば、同意の果たす役割はかなり大きく、同意によって作られた政府はそれほど制限されていないように思える。これに対して、何か意見や疑問がある人はいるかな。君。どうぞ。

ニコラ　政府がすでに機能している場合、政府のあるところに生まれた人たちは、そこを出て自然状態に戻ることは可能なのでしょうか。その点についてロックはどう考えていたのか疑問に思います。それには言及していなかったと思うので。

サンデル　君はどう思う？

ニコラ　習慣があるので、政府を離れるのは、とても難しいと思います。なぜなら、もう誰も、自然状態では暮らしていないからです。今では誰もが立法機関に統治されています。

サンデル　なるほど、ありがとう。君の名前は？

ニコラ　ニコラです。

サンデル　ニコラ、たとえば君は市民社会から去りたいと思っているとする。自分の同意を撤回して、自然状態に戻りたいと。

ニコラ　私たちは実際に同意してはいません。私たちはそこに生まれただけで、参加したのは祖先です。

サンデル　そうか。君は社会契約にサインしていない。私もしていない。

ニコラ　はい。

サンデル　では、ロックは何と言っているだろう。君。

ジーン　ロックはサインが必要だとは言っていないと思います。これは暗黙の同意で、政府のサービスを受けるのは政府に何かを取られることに同意したのと同じことです。

サンデル　なるほど。暗黙の同意という意見が出た。暗黙の同意は有効ではないと思っている人もいるだろう。ニコラ、君も首を振っていたね。理由を聞かせてほしい。

ニコラ　ただ単に、政府の様々な資源を利用しているというだけで、必ずしも政府の作られたやり方に同意しているということにはならないと思いますし、それが、社会契約に参加することに同意したことを示唆するとは思いません。

サンデル　暗黙の同意に政府に従う責務を生じさせるほどの力はないと思うんだね？

ニコラ　はい、そう思います。

サンデル　ニコラ、君は捕まらないとしても税金を払う？（一同笑）

ニコラ　たぶん払わないでしょう。個人的には、一様に何でも支援するのではなく、私が支援したい部門にだけお金を払うことのできるシステムがあったらいいと思います。

サンデル　確定申告のときは、自然状態にいたほうがいいね（一同笑）。私が聞きたいのは、「実際に何かに同意したわけではないから何の責務も負っていないのか」ということだ。しかし君は良識的な理由で法律には従っているね。

ニコラ　そのとおりです。

ジーン　たとえそう考えたとしても、「ほかの誰かのものを奪ってはならない」というロックの『統治二論』における社会契約を侵害しています。自然状態の中で生きたいのなら、政府のサービスを受けない代わりに自分も何も渡さないという姿勢で構わないと思います。でも、政府から何も得ることはできません。政府のサービスを受けるためには税金を払わなければいけないからです。

サンデル　自然状態に帰るのは自由だが、道路を利用することはできないということだね。

ジーン　そうです。

サンデル　では、道路を使うことや税金を徴収することよりも、もっと重い問題について話をしよう。命はどうだろう。徴兵制はどうだろう。はい、どうぞ。

エリック　人を戦争に送ることは、必ずしも彼らが死ぬことを意味しているわけではありません。生き残る可能性を高めていないことは明らかですが、それは死刑ではありませせん。だから、徴兵制が人々の命の権利を抑圧しているかどうかを議論するのは、正しいアプローチとは言えないと思います。

ここでの本当の問題は、ロックの同意と自然権に関する見解です。私たちは自然権を放棄することも許されていません。では、税金や徴兵制について考えるとき、ロックは命の放棄や財産権の放棄に同意することをどうとらえていたのでしょうか。ロックは自殺には反対していたと思いますが、それも各個人が同意して行なうことなので私は肯定します。

サンデル　ありがとう。君の名前は？

エリック　エリックです。

サンデル　エリックは、ロックを読み始めてからずっと格闘してきた疑問に引き戻してくれた。

私たちは、生命・自由・財産に対する不可譲の権利を持っているが、それらを放棄する権利は持っていない。政府が制限されているのはそのためであって、私たちが制限することに同意したからではない。私たちは同意する際に権利を放棄することができないから、政府は制限される。それが、正当な政府に関するロックの説明の真髄だ。

しかし、今エリックが言っているのはこういうことだ。もし自殺や財産の放棄が許されないのなら、どうして、命の犠牲や財産の放棄を強制する多数派に縛られることに同意できるだろうか。

ロックはこれに対する答えを持っているのか。それとも、不可譲の権利を主張しながらも、基本的に全権を持つ政府を認めるのだろうか。誰か、ロックを弁護できる人はいないかな。あるいは自分なりに理解して解決策を見つけられる人は？　はい、どうぞ。

ゴクル　個人が持っている生存権と、政府が一人の個人の生存権を奪うことはできないという事実の間に、一般的な区別がつけられるべきだと思います。徴兵制が、政府が特定の個人を戦争で戦わせるために指名するようなものだとすれば、それは彼らの生命に対する自然権の侵害になるでしょう。

一方、徴兵制にたとえばくじ引きがあるとすれば、全住民が自分たちを守るために、彼らの代表を選ぶと見なすでしょう。住民全員が送られたら財産権を守ることはできないので、基本的に無作為に彼らの代表を選ぶという考え方です。そして、選ばれた代表が出征して人々の権利のために戦うのです。それは、僕の意見では選ばれた政府と同じように機能すると思います。

サンデル　選ばれた政府はコミュニティを守るために市民を徴兵できるということだね。しかし、それで人々は権利を享受できるのだろうか。

ゴクル　できると思います。それは、立法府の代表を選ぶ手順と、とても似ているように思えます。

サンデル　しかし、それでは政府が徴兵という形で特定の市民を選び、全体のために死なせるようなものだ。それは自由に対する自然権を尊重することと一致しているだろうか。

ゴクル　僕が言おうとしているのは、特定の個人を選ぶことと、無作為に選ぶことの間には違いがあるということです。

サンデル　個人を選ぶということについて、確認させてほしい。君の名前は？

ゴクル　ゴクルです。

サンデル　ゴクルは、命を犠牲にするために個人を選び出すのと、一般的な法律を持つことの間には違いがあると言っている。実際、これはロックが出すだろう答えだと思う。ロックは恣意的な政府には反対している。イラクでの戦費を賄《まかな》うために、ビル・ゲイツを選び出すようなやり方には反対しているし、戦地で戦わせるために特定の市民やグループを選び出すことにも反対している。

しかし一般的な法の下で、政府が選択したものや多数派が行なったことであれば、それは人々の基本的な権利を侵害することにはならないと彼は考えている。

恣意的に人の権利を奪うのは侵害行為だ。それは基本的にすべての人に「法の支配や所有権の制度は存在しない」と言っていることになるからだ。それでは、王様の気まぐれや議会の気まぐれで、私たちは君たちを名指しして所有権を放棄させたり、あるいは命を放棄させたりするようになってしまう。しかし、恣意的でない法の支配の下でそれをするのであれば許される。

君は、それでは制限された政府とは言えないと思うかもしれない。リバタリアンは、ロックは結局素晴らしい味方ではなかったと言うかもしれない。彼らは二つの理由でロックに失望する。

第一に、権利は不可譲だから、結局自分自身を本当に所有していることにはならない。自分の権利を侵害するようなやり方で、生命や自由や財産を放棄することはできない。これが一つ目の理由だ。

第二に、一度同意に基づいた正当な政府が誕生したら、ロックが考える唯一の制限は生命や自由、財産を恣意的に取り上げることだけだ。

しかし、過半数の決定によって一般に適用できる法律が公布され、それが公正な手続きによって正式に選ばれたものなら、課税であろうと徴兵であろうと権利の侵害にはあたらない。

ロックが、国王の絶対的な力を懸念していたのは明らかだ。
しかしもう一つ確かなことがある。これはロックの陰の側面だが、この同意の偉大な理論家が同意の必要のない私有財産の理論を思いついたのは、前回ロシェルが指摘してくれたようにロックの二つ目の関心事であるアメリカと関係があったのかもしれないのだ。

自然状態について話すとき、彼は想像上の場所について語っていたわけではない。すべてアメリカについて話していたのだ。アメリカでは何が起きていたか。入植者は、土地を囲い込み、ネイティブ・アメリカンと戦っていた。植民地の管理者だったロックは、同意なく土地を囲み、耕作することを通じて、私有財産を正当化することに関心があったかもしれない。

それと同時に、彼は、君主や恣意的な支配者の力が制限された、同意に基づく政府の理論を発展させることにも関心があった。

今回答えが出なかった根本的な疑問は、同意はどのような働きをするかということだ。その道徳的な力は何なのか。同意の限界とは何なのか。同意は政府にとってだけでなく、市場にとっても重要なものだ。

次回は、物を売買するときに生じる同意の限界の問題を取り上げる（拍手）。

〔小林正弥教授による解説〕

今回は前回に引き続いて、ジョン・ロックを取り上げていますね。ロックの社会契約論は、近代の憲法の基礎原理をなし、アメリカだけではなくて、日本も含めてすべての国々の政治を考える上で、最も重要な思想家だから、このように取り上げているわけです。そして、ロックの考え方が、今日の近代憲法に定められている民主主義の基礎をなすというふうに、一般に思われています。

民主主義とはどのようなものでしょうか。多くの人々は、「民主主義は多数派が決めることだ」というふうに思っています。でも元々の目的が、基本的な権利を守るということであるとすると、多数派がこの権利を侵害するということは許されない、ということになります。リバタリアンの人たちは、特に、財産に重点を置いていて、私有財産を政府が侵害することは、正義に反していると主張しています。

これは、私有財産だけではなく、自由や権利一般についても言えることで、自由や権利を政府が侵害することはできないとされ、自由や権利と多数派主義的な民主主義との間には、緊張関係があるのです。しかも、リバタリアニズムとは違って、ロックは基本的権利を不可譲と考えました。

今回は、具体的な例としては、徴兵制や課税の問題を取りあげて、特に生命の問題と財産の問題について議論しています。そして方向としては、もちろんそういった権利は大事なのだけれども、リバタリアニズムの議論とは逆に、ロック自身の議論においては、政府が法律という形で民主主義に基づいて決定した場合には、徴兵制や課税も論理的にはあり得る、ということが示唆されています。

第5回　お金で買えるもの　買えないもの

レクチャー1
兵士は金で雇えるか

サンデル　前回の講義ではロックの「同意による政府」という考え方について議論をし、その結果、いくつか疑問が上がった。多数派の合意があっても覆せない政府の「制限」とは何か。それが講義の最後で出た問題だった。

　所有権に関しては、ロックの考え方では民主的に選ばれた政府には国民に課税する権利がある。だがそれは、同意に基づく課税でなければならない。なぜなら課税とは公共の利益のために国民の財産を取り上げることだからだ。だが、税制を定めたり徴収したりするときに国民一人一人から同意を取り付ける必要はない。

　必要なのは社会に参加し、政治的な責務を引き受けることに対し、事前に同意を得ておくことだ。一度その責務を引き受ければ、多数派に束縛されることに賛成したのと同じことになる。課税についてはこれぐらいにしておこう。

では「生存権」はどうなるだろう。政府は国民を徴兵し、戦場に送ることができるのか。「自分を所有するのは自分である」という考え方[1]はどうなるのだろうか。政府が強制力のある法律を制定・施行し、「君はイラクに行き、命を危険にさらして戦え」と言えるとなれば、自己所有［権］を侵害していることにならないか。ロックは政府にはそうする権利があると言うだろうか。

答えはイエスだ。ロックはこう述べている。

「重要なのは、政治的権威あるいは軍事的権威が恣意《しい》的に権力を行使しないことだ[2]」と。

そこが重要なのだ。

これに関してロックは素晴らしい例を挙げている。将軍はもちろんのこと、軍曹であっても、兵士に対して「大砲の前へ出ろ」と命令できるのだ。たとえ確実に死ぬと分かっていても、どんなに絶望的なことであっても、軍曹はそう命令できるのだ。

それに兵士が従わなかったり、自分の持ち場を放棄したりすれば、将軍はその兵士に死刑を宣告することができる。しかし、生死を分ける命令を出すことはできても、将軍はこの兵士から一ペニーたりとも取り上げることはできない。

なぜならそれは、正当な権威に基づく命令ではないからだ。それは恣意的であり、腐敗だ。だから、ロックにおいては「同意」とは非常に強力なものだ。その「同意」とは、特定の税金や軍の命令に対する個人の同意ではなく、政府に参加し、多数派の束縛を受け入れることに対する事前の同意だ。

個人は生命・自由・財産に対する不可譲の権利を持っているという事実に基づいて、「権力が制限された政府」は成立している。そして、その政府を統治するのが同意によって作られた法なのだ。同意はそれほど重要なのだ。

権力の恣意的行使はあってはならない。それがロックの考え方だ。

しかしここに、同意についての疑問が生じる。政治的権威や従わなければならない責務を作り出すことにおいて、なぜ同意はそこまで強力で道徳的な手段なのだろうか。

今日はこの同意に関する問題を検討するために、軍隊の徴兵制という具体的な事例を取り上げよう。

「人間が『自分を所有するのは自分だ』という考え方から生じる基本的人権を持ってい

※キーワード※

1　自己所有［権］＝自分を所有するのは自分であるという考え方［権利］。

2　「重要なのは、政治的権威あるいは軍事的権威が恣意的に権力を行使しないことだ」

ジョン・ロック

るのなら、政府が市民を徴兵して戦場に行かせるのは基本的人権の侵害だ」と言う人もいる。

反対する人もいる。反対派は「それは民主的に選ばれた政府の正当な権限であるから、市民には従う責務がある」と言う。

イラクで戦争をしているアメリカを例に取ってみよう。報道によれば、軍は必要な数の新兵を補充できずに非常に苦労しているそうだ。(3) 必要な数の兵士を確保するために、アメリカ政府が実施する可能性のある三つの政策を考えてみよう。

解決策その一。給与と手当てを増やし、十分な数の兵士を集める。

解決策その二。徴兵制へ移行する。抽選を行ない、抽選に当たった人は誰であれ、イラクに行って戦う。

解決策その三。アウトソーシング＝外部委託。「傭兵《ようへい》」と呼ばれるプロの兵士を雇うことだ。傭兵は世界中にいて、兵士としての基準を満たし、戦闘に長《た》けており、相場の報酬を払えば喜んで戦ってくれる。

さて、みんなの意見を聞いてみよう。給与を増やすのがいいと考える人（大勢が挙手する）。

大多数だね。徴兵制に賛成な人は？（少数しか挙手しない）

徴兵制に賛成する人は一〇人ぐらいしかいないね。では外部委託がいいと思う人は？（パラパラと手が挙がる）二、三十人というところかな。

南北戦争の間、北軍は兵士を補充するのに、徴兵制と市場システムとを組み合わせた方法を採用していた。まずは徴兵によって兵士を採るが、召集されても軍隊に行きたくなければ、自分の代わりに誰かを雇うことが認められていた。

多くの人が代わりを雇った。代わりを雇うために何を支払ってもよかった。人々は新聞の求人欄に広告を載せ、自分の代わりに南北戦争に行ってくれれば五〇〇ドル、ときには一〇〇〇ドル出すと申し出た。のちに鋼鉄王と呼ばれたアンドルー・カーネギーは、自分の代わりに南北戦争に行ってくれる人間を、彼が葉巻に費やす一年分の額より少ない金額で雇ったと伝えられている。

さて、南北戦争のシステムについて意見を聞きたい。基本は徴兵制だが、買収条項付

※キーワード※

3　兵士を確保するための解決策

(1)　給与と手当てを増やす。

(2)　徴兵制への移行。

(3)　外部委託（傭兵）。

きのハイブリッド・システムとでも呼ぼうか。これが公平だと思う人、南北戦争のシステムに賛成する人は？（手が挙がらない）

誰もいない？　一人だけ？　二、三、四、五人。

不公平だと思う人は？（大勢が挙手する）

君たちのほとんどは南北戦争のシステムが気に入らず、不公平だと考えている。なぜ気に入らないのか。どこが悪いのか。君。

リズ　一回、兵役を免除されるのに三〇〇ドル払うということは、人間の命に値段をつけているのと同じです。これまでの講義ではっきりさせたとおり、人間の命に値段はつけられないのですから、おかしいと思います。

サンデル　ということは、三〇〇ドルだろうが、五〇〇ドルだろうが一〇〇〇ドルだろうが……。

リズ　「それが君の命の価値だ」と言っていることになります。

サンデル　つまり、命に値段をつけていることになるというわけだね。君の名前は？

リズ　リズ。

サンデル　リズ。リズに反論がある人は？

（ジェイソンを指す）君は南北戦争のシステムに賛成だったね？

ジェイソン　その値段がイヤなら、その人には自分を売らない、もしくは雇われない自由があります。その人次第なんですから、命に値段をつけることになるとは思いません。自分の意思でその人の代わりに戦争に行くと決めたなら、それは必ずしも間違っているとは思いません。

サンデル　では、五〇〇ドルを受け取った人は自分で自分の命に、あるいは自分の命を賭けるリスクに、値段をつけていることになるわけだから……。

ジェイソン　そうです。

サンデル　その人の自由だと言うわけだね？

ジェイソン　はい。

サンデル　名前は？

ジェイソン　ジェイソン。

サンデル　ジェイソン、ありがとう。次は南北戦争のシステムに反対の意見を聞いてみよう。君。

サム　所得が低い人にとっては、これは一種の強制です。カーネギーは召集を無視できます。三〇〇ドルは彼の収入からすれば何でもありません。

サンデル　そうだね。

サム　低所得の人は、召集されたら本質的には強制的に徴兵されるも同然です。おそらく代わりを見つけることはできないでしょうから。

サンデル　君の名前は？

サム　サム。

サンデル　サム。では君は、貧しい労働者が三〇〇ドルをもらって代わりに戦場へ行くことを引き受けた場合、経済状況から考えて、実際には強制的に徴兵されたのと同じことだ、と言うわけだね。一方、カーネギーは金があるから兵役に就かずに済む（ジェイソンうなずく）。

よろしい。では次に、サムの今の意見に反対する意見を聞きたい。「一見、自由な交換のように見えるが、実際は強制だ」というサムの意見に反論がある人は？　君。

ラウル　僕もサムに賛成です。

サンデル　賛成？

ラウル　個人から正しく判断する能力を奪っているという点では強制だと思います。

サンデル　君の名前は？

ラウル　ラウル。

サンデル　ラウルとサムは、一見、自由な交換・自由な選択・自発的な行為に見えるけれども、実際には強制であるという点で一致している。

ラウル　最悪のタイプの強制です、強制される層が社会の一部に偏っているからです。

サンデル　よし。ラウルとサムの意見には説得力がある。誰かサムとラウルに意見のある人？　君。

エミリー　私は、強制的な徴兵でも、自分から志願して軍に入るのも、事実上変わらないんじゃないかと思います。軍に入れば収入を得られるというのは、人々を軍に入らせるための強制的な戦略です。軍の志願者は低所得者層や、さらには「イラクで戦うために軍に志願するのは正しいことだ」という愛国的な価値観が色濃い地域の出身者に偏っているのが現実です。

サンデル　名前は？

エミリー　エミリー。

サンデル　よし。エミリーは……（と言いかけてラウルを指し）ラウル、次は君だから準備しておくように（一同笑）。

エミリーは、南北戦争のシステム、つまり、「貧しい労働者が五〇〇ドルでカーネギーの代わりに戦争に行くのを引き受ける」というようなシステムには強制的な要素があることを認めている。そのうえで、南北戦争のシステムに問題があるのなら、現在の志願制の軍隊にも問題があるだろうと主張しているのだ。

（ラウルに向かって）ところで、君は最初の三つの選択肢のうち、志願制の軍を支持したのかな？

ラウル 手は挙げてません。

サンデル 挙げてない！（一同笑）

ラウル はい。

サンデル 手を挙げなかったのは、隣の人に君の票を売ったからか？（一同笑）いや、冗談だ。じゃあ意見を聞こうか。

ラウル 今の状況は南北戦争の頃とは違うと思います。今は徴兵制ではなく志願制ですし、今の軍隊に志願する人は南北戦争の頃入隊を強制された人よりも、強い愛国心を持って、自分自身の選択で志願していると思います。

サンデル 強制の度合いは低い？

ラウル 低いです。

サンデル アメリカ社会にまだ不平等があり、エミリーが指摘したように、軍隊に入る人々は特定の層に偏っているという事実があってもかな？

一つ実験をしてみよう。自分が兵役に就いたことがある、あるいは家族が兵役に就いたことがある人はどれぐらいいる？　親の世代ではなく君たち世代で（それなりに手が挙がる）。

自分も兄弟も兵役に就いたことがない人はどれぐらいいる？（こちらのほうが圧倒的に挙手が多い）

エミリー、思ったとおりかな？

エミリー　はい。

サンデル　いいだろう。さて、君たちの圧倒的多数は全志願制の軍を支持したが、同時に圧倒的多数が南北戦争のシステムは不公平だと思っている。

サムとラウルは、南北戦争のシステムに反対する理由を明確に述べた。その背景には不平等があり、ゆえに、金をもらって軍に入る選択をするのは真に自由意思によるものではなく、ある意味では強制なのだ。

エミリーはその議論を発展させて新たな問いを投げかけた。志願制の軍隊を支持した人は、原則として二者のどこが違うのか説明できるべきだし、説明しなければならない。志願制の軍は、圧倒的大多数が反対した南北戦争のシステム、つまり買収条項付きの徴兵制を普遍化しただけのものではないのか？　エミリー、君が言いたいのはそういうことだね？

よーし。では、志願制の軍を支持した人にエミリーが投げかけた問いに答えてもらいたい。答えられる人は？　君。

ゴクル　南北戦争のシステムと志願制の軍の違いは、南北戦争では政府に雇われるのではなく個人に雇われるということです。結果としてそれぞれが異なる人に雇われ、異なる額を受け取ります。志願制の場合は、全員が政府に雇われ、同じ額を支払われます。同じサービスに対して同じ金が支払われるわけですから、志願制の軍のほうが正義に即していると思います。

サンデル　エミリー。

エミリー　少し別の言い方をすれば、志願制というシステムにおいては、個人は軍や戦争とまったく関係を持たない道も選べます。つまり、「入隊によってもらえるお金も欲しくない。戦争については意見を持つ必要はない。国を守らねば、という責務を果たす必要も感じない」と言うことができます。でも、強制的なシステムである徴兵制においては、全員が徴兵について何らかの決断を下さねばならないわけで、こちらのほうがより公平だと思います。どちらにしろ、カーネギーは兵役には就かなかったでしょうけど。志願制では「自分は関係ない」と言えますが、徴兵制ではある程度まで責任を持たねばならないからです。

サンデル　エミリー、君はどちらを支持する？　徴兵制かな？

エミリー　難しい質問ですが、徴兵制です。国全体に戦争への責任を感じさせることができるから。少数の人々だけがイデオロギー的に支持する戦争が起きてしまうよりいいです。

サンデル　よろしい。反論は？　君。

ジャッキー　志願制の軍と南北戦争当時の軍との間には根本的な違いがあります。志願制では、「志願したい」という気持ちが先にあって、給与は後からついてきます。一方、南北戦争のシステムでは、人々は必ずしも戦いたいわけではありません。お金をもらえるから戦争に行くだけなわけです。

サンデル　志願制の軍の場合、金を超える志願の動機は何だと思う？

ジャッキー　国を愛する気持ちとか。

サンデル　愛国心。それじゃ……。

ジャッキー　それと、国を守りたいという願いです。お金もある程度までは動機になるでしょうが、志願制の軍の場合は、国を守りたいという気持ちが最初の動機になると思います。

サンデル　ということは……。君の名前は？

ジャッキー　ジャッキー。

サンデル　ジャッキー、君は金ではなく愛国心から兵役に就くほうがいいと思うんだね？

ジャッキー　もちろんです。南北戦争の頃の軍のように、お金のために仕方なく軍に入り戦場に向かった兵士は、信念を持って戦いに赴いた兵士より、兵士としての質は落ちるだろうと思いますから。

サンデル　よろしい。ジャッキーの言う「愛国心」についてみんなはどう思う。愛国心は、兵役に就いて得られる金よりも崇高な動機なのだろうか。この問いに答えられる人は？　君。

フィリップ　愛国心は兵士の優秀さとは関係ないと思います。傭兵は、アメリカ国旗を振りもしないし、私たちが守るべきだと政府が信じているものを守りたいとも思っていないでしょうが、優秀さにおいては変わらないからです。

サンデル　君は「外部委託」派かな？

フィリップ　イエッサー！（一同笑）

サンデル　よし、ではジャッキーの答えを聞こう。名前は？

フィリップ　フィリップ。

サンデル　どうかな、ジャッキー？　愛国心は無関係だそうだ。

ジャッキー　でも、意欲がある人のほうがいい仕事をします。命をかけなければならないようなギリギリの状況になったとき、お金をもらうためだけに入隊した人より、国を愛している人のほうが進んで危険に飛び込んでいくんじゃないか、と思います。

でも傭兵は、戦闘スキルは高いでしょうが、国のことなんか気にしないと思います。国がどうなろうが彼らには関係ないわけですから。

サンデル　しかし、別の側面もある。愛国心の問題だが、ジャッキーの言うように、最も重視するべきは愛国心であって金ではないとしたら、その議論は軍に入ることで給与を得る今の軍隊のシステムを可とするのか不可とするのか。

「志願制の軍隊」と言うが、考えてみればそれは誤った呼び方だ。「志願制」ではなく「給与制」の軍隊だと呼ぶべきだ(4)。

となると、兵役に就く主たる動機は金ではなく愛国心であるべきだという意見はどうなるだろう。現在の「給与制」の軍を良しとするのか、それとも徴兵制を良しとするの

❇︎**キーワード**❇︎

4　志願制の軍隊→給与制の軍隊

だろうか。

論点を明確にするために、フィリップの外部委託賛成論を足がかりにすると、志願制の軍、すなわち給与制の軍が最善だということになる。

なぜなら、「これぐらいの金をもらえるなら兵役に就いてもいい」という人々の気持ちと意欲に応じて、市場が割り振るからだ。この論理によれば、徴兵制よりも、南北戦争の頃のハイブリッド・システムのほうが論理にかなっているし、さらに言えば志願制の軍のほうが論理にかなっている。そして、市場における選択の自由を拡大する考えによれば、傭兵制が最も論理にかなっているのではないか？

この論理に対しノーと言うなら、ジャッキーのように愛国心に意味を見出すのなら、徴兵制に戻るべきではないか？　「愛国心」が公民的責務を意味するのならばだ。

さて、その議論からは少し離れて、「同意」が市場での交換に応用されるケースについて考えてみよう。

これについての反対意見は二つあった。「兵役を課すのに、市場での交換を介してはならない」という反対意見が二つ提出された。

一つは、サムとラウルが主張した強制についての議論だ。二人は「市場の原理で兵役を割り振るのは不公平であり、自由な選択とは言えない」と主張した。なぜなら、もし社会に深刻な不平等がある場合は、金をもらって軍隊に入る人の中には、入りたいから入るのではなく、経済的機会に恵まれないから軍隊に入るのが最善の選択だと考える人がいるかもしれないからだ。

そうなれば、そこには「強制」という要素がある。これが一つ目の反対意見だ。

兵役を割り振るのに市場を介することに対しての二つ目の反対意見は、兵役を「給与を得るための単なる仕事」ととらえるべきではないというものだ。兵役は愛国心や公民的責務と密接に関わっているからだ。こちらの反対意見は、不公平・不平等・強制を理由とする反対意見とは違う。公民的責務が関わることについては、市場によって義務や権利を割り振るべきではないという意見だ。

このように、大きく分けて二つの反対意見がある。この二つの反対意見をどう考えていくべきか。

強制・不平等・不公平を理由に反対する一つ目の意見については、「社会の背景における不平等が、人々が自分の労働を売買する際に、どのように選択の自由を阻んでいるのか」[5]を問う必要がある。

これが一つ目の問いだ。二つ目の問い、それは公民的責務・愛国心を考えるとき、公民的責務とは何か[6]を問う必要があるということだ。兵役は公民的責務の一つなのか、それとも違うのか。

私たちに公民的責務を負わせるものは何か。政治的な責務のよりどころとは何か。それは「同意」なのか。それとも、社会の中で共同生活をする以上、同意がなくても課せられる公民的責務があるのだろうか。

今日、南北戦争のシステムと志願制の軍について議論した中からこれらの問いが提起された。これらの問いに対する答えを、これからの講義では考えていこう（拍手）。

❖キーワード❖

5　社会の背景における不平等が、人々が自分の労働を売買する際に、どのように選択の自由を阻んでいるのか。

6　公民的責務とは何か

〔小林正弥教授による解説〕

今回は、前回に議論した同意との関係において、徴兵制度や志願兵制度などの軍隊の問題を取り上げていました。戦争や軍隊は、生命の危険が大きいですから、人間にとって一番厳しい問題を取り上げていたわけです。

サンデル教授はこの一連の講義の初めから、「人間の生命をどう考えるか。生命をお金で計ることができるか」ということを問題にしていました。そして、今回の講義ではストレートに軍隊の問題を取り上げながら、志願兵のシステム、徴兵のシステム、そして南北戦争時の混合システムという三つを取り上げ、学生にも議論させて、この根本的な問題を考えたわけですね。

そして、リバタリアニズム批判という文脈から見れば、軍隊と市場との関係も議論の焦点になります。志願兵といいながら、実は給与制ですから、志願兵のシステムや南北戦争時の混合システムは、実は「貧しい人が、お金が欲しいために軍隊に行くことになっているのではないか」という問いかけをされていました。

そうして見ると、豊かな人にとっては、「貧しい人を軍に行かせればいいから戦争しても自分たちには関係ない」ということになりかねません。ここには、実際には市場や貧富の問題が関係してくるわけです。

だから、このような不公正を避けるためには、道徳的な観点から見れば志願兵制度よりも徴兵の方がいいのではないか、という問題提起がなされることになります。徴兵制の場合は、愛国心とか国民としての責務によって正当化されることが多いですから、これらの問題が大きく関わってくるわけですね。逆に言えば、「果たして徴兵制度によってまで戦争をすべきかどうか」ということが問われてくる問題だろうと思います。

レクチャー2
母性　売り出し中

サンデル　ここからの講義で、みんなに考えてもらい意見を聞いてみたいのは、人間の生殖、つまり妊娠・出産の領域における市場の役割だ。

最近では、不妊治療クリニックで、卵子提供者を募集している。ハーバード大学の学生新聞《ハーバード・クリムゾン》にも卵子提供者を募る広告が載っている。ただし、卵子をくれる人なら誰でもいいわけではない。二、三年前に載った広告を紹介しよう。

この広告は、巨額の金銭的報酬を提示して卵子提供者を募集した。条件は、[7]知的で、運動神経がよく、身長は一七五センチ以上、SAT（大学進学の適性試験）でスコアが一四〇〇以上あることだった（一同笑）。

この広告を出した人物は条件を満たす女性の卵子にいくら払うつもりだったと思う？

君たちの予想はいくらかな？

（学生たち　口々に値段を言う）

サンデル　一〇〇〇ドル？　一万五〇〇〇ドル？　一万ドル？　広告[8]を見せてあげよう（学生たち、どよめく）。

五万ドルだ。卵子一個の値段だよ。ただし、プレミアムな卵子だけだけどね。これをどう思う？

《ハーバード・クリムゾン》や他の大学新聞には精子提供者を求める広告も載っている。だから、生殖医療における市場は、男女の機会均等の市場と言える。いや、正確には「機会均等」とは言えないな。卵子と違って精子には五万ドルの値段はつかない（一同笑）。

それでも、精子を売る会社がある。大きな精子バンクだ。その会社はカリフォルニア州にあるれっきとした営利企業だ。この会社の精子採用基準は非常に厳しい。そして、ハーバード大学とマサチューセッツ工科大学の間に支店が一つ、スタンフォード大学の近くに支店が一つある（一同笑）。

この精子バンクの宣伝資料では精子の出どころが一流であることが強調されている（一同笑）。

これは、精子バンクのウェブサイト(9)に載っていたものだ（一同、資料を見て笑う）。報酬については次のように書かれている。

「精子提供者になる唯一の理由が報酬であるべきではないとはいえ、提供するについてはそれなりの時間と費用がかかることは確かです」（一同笑）

報酬はいくらだと思う？　精子提供者は、一回につき七五ドルをもらえる（一同笑）。週三回提供すれば月に九〇〇ドルまでもらえる。宣伝には、「定期的にプレゼントも差し上げております」とある（一同笑）。

❖キーワード❖

7　卵子提供者の条件
知的、運動神経がよい、身長一七五センチ以上、SAT（大学進学適性試験）スコア一四〇〇以上

8　卵子提供者求む
五万ドル
経費は別途　全額支給

9　精子バンクウェブサイト
精子提供者になる唯一の理由が報酬であるべきではないとはいえ、提供するについてはそれなりの時間と費用がかかることは確かです。

「映画のチケットや……」（一同笑）「ギフト券ですが、これは提供者の皆さんが費やしてくださった時間と労力に対する御礼です」

精子提供者になるのは簡単ではない。採用されるのは応募者の五％以下だ。この精子バンクの採用基準はハーバードよりもずっと厳しい（一同笑）。

ここの社長はこう述べている。「理想的な精子提供者は、身長一八〇センチ、大卒、茶色の目、金髪、えくぼがあること」（一同笑）「理由は単純で、これが、顧客が望んでいる特徴だからです。もし、顧客の皆様が高校中退者の精子を望むのであれば、高校中退者の精子を提供します」（一同笑）

では、二つの市場、卵子提供の市場と、精子提供の市場について考えてみよう。一つ問題を提起しよう。(10)卵子や精子は金のために売買されるべきか、あるいは売買されるべきではないかという問題だ。

それについて考えつつ、もう一つ別のケースも考えていこう。それは、市場と、人間の生殖能力にからむ契約についてだ。

このケースは、営利目的の代理母のケースだ。何年も前に訴訟に持ち込まれたケースで、「ベビーM訴訟」と呼ばれている。

夫ウィリアム・スターンと妻のエリザベスは共働きの夫婦で、子どもを望んでいた。

しかし、二人の間の子を持つことは妻が医学的な危険を冒さずしては不可能だった。

そこで夫妻は不妊治療クリニックを訪れ、メアリー・ベス・ホワイトヘッドと出会う。彼女は二九歳の二児の母で、清掃作業員の妻であった。彼女は、代理母を募集する広告を見て応募してきたのだ。

彼らは取引をした。彼らが結んだ契約では、夫のウィリアム・スターンが代理母となるメアリー・ベスに一万ドルプラス全経費を支払うことに合意し、メアリー・ベスはウィリアム・スターンの精子で人工授精を受け、子どもを産み、出産後はスターン夫妻に子どもを引き渡すことに合意していた。

みんなもその後、事態がどのように展開していったかは知っているだろう。メアリー・ベスは出産後気が変わり、子どもを手放したくなくなった。

この事件は結局、ニュージャージー州の法廷に持ち込まれた。

法律的な問題は脇に置いておき、この事件を道徳的な問題として考えてみよう。ベビ

❖キーワード❖

10　卵子や精子は売買されるべきか、売買されるべきではないか。
⇐
ベビーM訴訟

—M訴訟においては、契約を守り、契約どおりに契約を履行することが正しいと考える人は？（かなりの学生が挙手）

では、契約どおりに履行しないほうが正しいと考える人は？（手は挙がるが少ない）履行するのが正しいと考える人が多いね。では、契約は守るべきだという人、契約は守らなくてもいいという人、どちらの意見も聞いてみよう。

まず、多数派の意見から聞きたい。なぜ契約履行を支持するのか、なぜ履行すべきだと思うのか。その理由を言える人は？　君。立って。

パトリック　この契約には拘束力があります。関係者は全員、行動する前に契約の条件を知っていましたし、これは自発的な合意です。代理母は自分が何をするのか分かっていたし、四人とも知性のある大人です。事前に、自分がしようとしていることが何かを知っていて契約をしたのですから、その約束を最後まで守るのが当然です。

サンデル　つまり、「取引は取引だ」というのだね。

パトリック　そうです。

サンデル　名前は？

パトリック　パトリック。

サンデル　パトリックの今の意見が、君たちの多くが契約を守ることを支持する理由かな？　そうだね？　では契約を守らなくてもいいという人の意見を聞こう。パトリックへの反論はないか？　どうかな？　君。

エヴァン　確かに契約は守るべきです、ただし関係者全員がすべての情報を知っているときに限って。でもこの場合は、子どもが実際に生まれるまでは母親が子どもに対してどう感じるかを知る方法はありません。だから母親がすべての情報を知っていたことにはなりません。生まれてくる子は分からず、その子をどんなに愛することになるかは分からなかったのです。

サンデル　そうか、君の名前は？

エヴァン　エヴァン・ウィルソン。

サンデル　エヴァンは、「契約が結ばれたときは、代理母は子どもに対して自分がどんなふうに感じるか知りようがなかった。だから、契約履行の強制を支持しない」と言う。代理母は契約を結んだとき、必要な情報をすべて知っていなかったからだ。誰かほかには？　この契約を支持しない人は？　君。

アナ　私も、一般的には契約は守られるべきだと思いますが、子どもは実の母に対し不可譲の権利[11]を持っていると思います。なので母親が望めば、子どもを母親から引き離すことはできないと思います。

サンデル　養母ではなく、生物学上の母親がということだね？
アナ　はい。
サンデル　それはなぜ？　名前は？
アナ　アナ。
サンデル　アナ。なぜそう思う？
アナ　自然によって創られた絆は、契約によって作られたどんな絆より強いと思うからです。
サンデル　結構。ほかには？　君。
キャスリーン　私は反対です。子が生物学上の母親に対し、不可譲の権利を持っているとは思いません。養子縁組や代理母は合法的な取引です。それにこれは、個人が自発的に合意したことですから、どこにも「強制」の要素はありません。
サンデル　このケースでは、強制を理由とした反論は成り立たない？
キャスリーン　そうです。
サンデル　名前は？
キャスリーン　キャスリーン。
サンデル　キャスリーン、エヴァンの意見に対してはどう思う？　エヴァンは、同意の際に強制はなかったが適切な情報が欠けていたと主張した。代理母は子どもが生まれたらどう感じるかを事前には知りようがなかった。これについてはどうかな？

キャスリーン　代理母の気持ちは、ここでは関係ないと思います。法律的には、彼女の気持ちの変化は何の関係もありません。私が自分の子を手放して養子に出したとして、後から「やはり子どもを取り返したい」と思ってもそれは駄目です。そもそも代理母自身が決めた取引ですから。

サンデル　ではパトリックと同意見だね？

キャスリーン　同意見です。取引は取引ですから。

サンデル　取引は取引か。

キャスリーン　はい。

サンデル　結構。君。

アンドルー　子が母親に不可譲の権利を持つのか持たないのかは僕はよく分かりませんが、母親は子に権利を持つと思います。また、市場の論理によって仕切るべきではない

❖キーワード❖
11　不可譲の権利

領域があるような気がするんです。代理母というのは、人間を取り扱う領域でありながら、非人間的に感じられますし、正しいことだとは思えません。これが、僕が反対する主な理由です。

サンデル　名前は？

アンドルー　アンドルー。

サンデル　アンドルー、では、金のために子どもに対する権利を売り買いすることのどこが、非人間的だと君は思うのかな？

アンドルー　誰かの生物学上の権利を買っているからです。法律で述べられているように、自分の子を売ることはできません。自分で産んだ子でも、その子を他人に売ったり、奴隷として売り払うことは法律で禁じられているはずです。

サンデル　ではこれは幼児売買のようなものだと言うのだね。

アンドルー　はい（一同笑）。ある程度までは。他人と契約を結び、合意していたとしても、母親と子どもの間には否定できない絆があります。契約したからといって、その絆を無視するのは間違いです。

サンデル　アンドルーに反論する？

キャスリーン　「否定できない絆がある」と言いますが、ここで養子縁組や代理母自体に反対する必要はないんじゃないですか？　ここでは感情的な変化を指摘しているだけですから。

アンドルー　いや、すべてを数字で表したり、車を売り買いするように「契約だから」で片づけるのは簡単だけど、「気持ち」を無視するのは違います。人間なんだから。人間は売ったり買ったりする対象ではない。

サンデル　「幼児売買だ」というアンドルーの意見に対しては？

キャスリーン　私は養子縁組や代理母は認められるべきだと思います。私がそうするかどうかとは関わりなく、政府は国民に養子縁組をしたり代理母になる権利を認めるべきです。

サンデル　しかし、養子縁組はだね……。

キャスリーン　養子縁組も幼児売買ですか？

サンデル　君は養子をもらうとき、その子に値段をつけられるかな？　アンドルーは問題提起をしているのだ。

キャスリーン　赤ちゃんに値段をつけられるか？　いえ私は（頭を振って）もちろんできません！（一同笑）

それは市場の問題です。もちろん適用される程度によりますが。政府がそれを許可すべきかどうかは、もっとよく考えないと分かりません。

サンデル　結構。納得したかな？　アンドルー。

アンドルー　はい、代理母は認められていいと思いますし、代理母になってもいいと思います。でも一度契約したからといって、そのことを盾に契約の履行を強制するのは間違っていると思います。

サンデル　この種の契約を結ぶのは自由だが、裁判所によって強制執行されるべきではない、と言うのだね？

アンドルー　はい、そう思います。

サンデル　賛成・反対のどちらでも意見のある人は？　君。

ヴィヴィアン　ちょっと特殊な立場から意見を言わせてください。私の兄は精子バンクに精子を提供して、大金をもらっていました。身長は一八〇センチありますが、ブロンドではありません。えくぼはあったけど（一同笑）。

私は今では「叔母」です。兄に娘が生まれたからです。兄はオクラホマのレズビアンのカップルに精子を提供し、二人から連絡をもらい、娘の写真も見ています。でも兄は娘に絆を感じてはいません。「どんな容姿なのか、何をしているのか、元気なのか」といった関心はあるようです。でも愛情は感じていません。

だから母と子の間の絆は父と子の間の絆とは比べられないと思います。

サンデル　実に面白い。名前は？

ヴィヴィアン　ヴィヴィアン。

サンデル　ヴィヴィアン。今回は営利目的の代理母のケースを見てきた。私たちはそれを「幼児売買」と比較し、そのたとえが適切かどうかを検討してきたわけだが、君が今指摘したように「精子販売」と比較することもできる。だが君は精子を売るのと、赤ん坊を売ること、あるいは代理母になることはまったく違うと言う。

ヴィヴィアン　まったく異なるサービスです。

サンデル　まったく異なるサービス。それは絆が違うから？

ヴィヴィアン　はい。母親が妊娠に費やす時間は一〇カ月ですが、男性は精子バンクに行ってポルノを見ながら……（一同笑）。紙コップに入れるだけですから、全然違います。

サンデル　結構。

ヴィヴィアン　それが精子バンクの実情ですから（一同笑、拍手）。

サンデル　実に面白い。これまでのところ、このような議論が出てきた。

代理母に契約の履行を強制することへの反対理由には、少なくとも種類が二つある。(12) まずは「同意に瑕疵《かし》があった」という反対意見だ。ただし今回は、強制もしくは暗黙の強制が原因ではなく、情報が完全ではなかったり、不備だったりしたことが原因で瑕疵が生じている。

ゆえに、瑕疵のある同意は、強制によっても情報の欠如によっても起こり得るわけだ。[13] 少なくとも、今日の議論ではそう主張された。

代理母に契約履行を強制することに対する二つ目の反対意見は、それが非人間的だからという理由だ。

この訴訟に裁判所が判決を下したとき、何と言ったか。

まず下級裁判所は、この契約には法的強制力があるとした。サービスの価格は交渉によって合意に至っている。一方が他方を強制したわけではない。交渉力に関しても、どちらか一方に偏っていたわけではない。訴訟はニュージャージー州の最高裁判所に持ち込まれた。最高裁の判決は「この契約には法的強制力はない」だった。

裁判所は父親としての養育権をスターン氏に認めた。それが子どもにとって最善だと考えたからだ。しかしメアリー・ベスの権利も保全し、子どもとの面会権が具体的にどうあるべきかは、下級裁判所の判断にゆだねた。[14]

裁判所が挙げた二つの理由は、アンドルーの意見とほぼ同じだ。第一に、十分なインフォームド・コンセント［正しい情報を得たうえでの同意］がなかったと裁判所は述べた。「母親は子どもとの絆の強さを知る前に、変更不可能な約束をさせられている。彼女は完全な情報を与えられたうえで決断したのではない。なぜなら赤ん坊が生まれる前には、最も重要な意味において、情報は与えられていないからである」

裁判所はまた、人間の商品化に与《くみ》しない二つ目の反対意見に似た意見を述べた。「これは子どもを売るのと同じ、少なくとも、母親の子どもに対する権利を売るのと同

❖キーワード❖

12　代理母契約履行の強制に対する反対理由
(1)　同意に瑕疵《かし》があった。
(2)　非人間的。
13　瑕疵《かし》のある同意は、強制によっても情報の欠如によっても起こり得る。
14　裁判所が挙げた二つの理由
(1)　母親は子どもとの絆の強さを知る前に、変更不可能な約束をさせられている。彼女は完全な情報を与えられたうえで決断したのではない。なぜなら赤ん坊が生まれる前には、最も重要な意味において、情報は与えられていないからである。
(2)　これは子どもを売るのと同じ、少なくとも母親の子どもに対する権利を売るのと同じである。参加者の動機となったものがどのような理想主義であれ、利益を得るという動機が優位となり、最終的にはこの取引を支配している。

じである。参加者の動機となったものがどのような理想主義であれ、利益を得るという動機が優位となり、最終的にはこの取引を支配している」

つまり、同意があろうが、同意に瑕疵があろうが、情報が十分であったであろうが、そういうこととは関係なく、文明社会には金では買えないものがある。裁判所はそう述べて、契約を無効にしたわけだ。

では、出産と生殖の領域への市場拡大に反対するこれら二つの意見について考えてみよう。どの程度まで説得力があるだろうか。

ウィリアム・スターンとメアリー・ベスの間に自発的な合意があり、契約が結ばれたのは確かだ。

しかし、その同意が、真に自由なものにはならない場合が二つある。(15)

一つは、合意するよう強制されたり圧力をかけられたりした場合。

もう一つは、十分な情報を与えられていなかった場合。

裁判所は、たとえすでに実の子を産んだ経験のある母親であっても、金のために子どもを出産して手放すのがどのようなことなのかを知り得ることはできないとした。一つ目の反対意見を評価するには、交渉力とか平等な情報を、どれくらい自由に、自発的に取り交わすべきなのか考えていかなければならない。これが第一の問題だ。

二つ目の反対意見はどうやって評価していけばいいのか。二つ目の反対意見はよりとらえどころがなく、より難解だ。アンドルーもそう言っていたね。出産を市場での取引にすることは非人間的な感じがするというのはどういう意味だろうか。

今回のテーマについて私たちがその著作を読んだ哲学者の一人、エリザベス・アンダーソンは、アンドルーが表現した不安に対し、哲学的な明快さをもたらそうと試みている。

「親として子に感じる愛情がどんなものであれ、それを抑圧するよう代理母に求めれば、出産を、譲渡できる『労働』に変えてしまう。なぜなら『出産』を、妊娠に対する社会の慣行が正しく奨励している目的、すなわち子どもとの情緒的な絆からも切り離してしまうからだ」

アンダーソンが示唆しているのは、ある種のものはオープンに利用したり、そこから

◈キーワード◈

15　同意が真に自由なものにはならない二つの場合

(1)　合意するよう強制されたり圧力をかけられたりした。

(2)　十分な情報を与えられていなかった。

利益を得たりすべきではないということだ。ある種のものは利用できなくても価値がある。

自由に利用できないものを、どんな方法で評価し、どう扱ったらよいのか? アンダーソンによれば、方法はたくさんある。尊敬、感謝、愛、名誉、畏敬、尊厳などだ。利用という価値以外にも評価の方法はたくさんあるし、ある種のものは、単に利用の対象とすると適切に評価できないのだ。

アンダーソンのこの主張をどう評価するか。ある意味では、それは功利主義についての議論を思い出させる。利用や効用だけが、命や兵役、生殖、出産を取り扱うのに唯一の適切な方法なのだろうか。もしそうでないなら、これらのものを評価するのに適切な方法を、どうやって考え出していけばいいのだろうか。

何年か前、バージニア州の不妊治療専門医セシル・ジェイコブソンが引き起こしたスキャンダルがあった。彼は外部から精子の提供を受けず、患者には内緒で、ただ一人の精子提供者の精子を全患者への受精に使った。それはジェイコブソン医師自身のものだった(一同笑)。

少なくとも、法廷で証言した一人の女性は、生まれた娘が医師によく似ているのでぎょっとしたと述べている(一同笑)。

ジェイコブソン医師が、女性たちに事前の説明をしなかったことを非難するのは可能だ。それは同意に関する議論になるだろう。コラムニストのエレン・グッドマンはこの事件について次のように書いた。

「ジェイコブソン医師は、不妊治療ビジネスに個人的な味つけを加えた」（一同笑）「しかし、私たちは今では、精子提供について再検討するようになってきている」コラムニストは「父性とはあなたが何をするかであって、何を提供するかではない」と結論づけた。

コラムニスト、グッドマンや、哲学者アンダーソンが言ったこと、そしてここにいるアンドルーが「非人間的である」と表現したこと、それらは「金で買ってはならないものがあるのではないか」という疑問を提示している。

単に同意に瑕疵があったからというだけではなく、ある種のものは単なる利用よりも崇高な方法で適切に評価されるべきだからだ。これらの疑問については、今後の講義で哲学者たちの助けを借りて検討していくことにしよう（拍手）。

〔小林正弥教授による解説〕

前回同様に、リバタリアニズムを批判する文脈で、今回は、出産と生殖に関わる生命倫理の問題が取り上げられ、市場との関係についての議論が展開されています。

商業精子銀行とか、ベビーM訴訟という非常に興味深い例が取り上げられていました。多くのみなさんにとっては、「アメリカではここまでやっているのか」という驚きがあったのではないかと思います。ベビーM訴訟においても、最高裁判所の結論としては、同意の瑕疵を理由として、「母子の絆の強さについては事前には十分な情報がなかったのだから、契約を強制的に履行させるわけにはいかない」ということになっています。実はサンデル教授は、二〇〇一年に招かれて、大統領生命倫理評議会の委員となり、そこにおける議論を踏まえて『［技術的］人間完成に反対する理由――遺伝子操作の時代の倫理』（二〇〇七年）という本を書かれています。

サンデル教授は、こういった生命や生殖に関わるような問題をすべて市場で扱ってよいのか、という問題提起をされているわけですね。やはり人間の生命、母子の絆といった問題は、お金だけで左右してはいけないのではないか。そこに「市場の道徳的限界」があるのではないか。このようなことをサンデル教授は言いたいわけです。前回の軍隊の問題と合わせて考えれば、教授が、生命に関わるような社会の様々な領域において、市場の原理が席捲することについて、疑義を提起しておられるのがわかるだろうと思います。今回でリバタリアニズムに関係する議論を終えて、リベラリズムに関する議論に移っていきます。

第6回　なぜ人を使ってはならないのか

レクチャー1
自分の動機に注意

サンデル　さあ今日は、この講義の中で最も難解な哲学者であるイマヌエル・カント(1)に取りかかる。彼は「なぜ私たちは人の尊厳を尊重する定言的義務を持つのか。なぜ良い目的であろうとも人をただの道具として使ってはいけないのか」ということについて別の説明をしてくれる。

カントは一六歳でケーニヒスベルク大学に進学した。三一歳で初めて大学講師の職を

❀キーワード❀

1　イマヌエル・カント（一七二四－一八〇四）ドイツの哲学者。

得た。給料は完全歩合制で、講義に出席した学生の数に基づいて支払われた。これはハーバードも検討すべき賢明なシステムだ（一同笑、拍手）。

カントは人気講師で勤勉だったので、貧しいながらもなんとか生計を立てることができた。五七歳で、ようやく最初の主要著作『純粋理性批判』を発表。しかし、それは待つに値するものだった。おそらく近代哲学における最も重要な著作だろう。それから数年後、カントは、私たちがこの講義で読む『人倫の形而上学の基礎づけ』を書いた。

確かにカントは難解な思想家だ。しかし彼の言っていることを理解しようとするのは重要なことだ。なぜなら、彼はこの本で道徳性の最高原理は何かということを説いているからだ。さらに彼は、自由とは何かという問題に対して、強力な説明を与えてくれる。では始めよう。カントは功利主義を認めなかった。彼はこう考えていた。すべての個人、すべての人間は、私たちが尊敬するに値するある種の尊厳を持っていると。

カントによれば、個人が神聖であり、権利の担い手である理由は自分自身を所有しているからではなく、私たちが皆、理性的な存在だからだ。理性的な存在というのは、理性を行使できる存在であるという意味だ。私たちはまた、自律した存在でもある。つまり、自由に行動し選択する能力があるということだ。

ところで、この理性と自由の能力以外にも私たちには能力がある。苦痛と喜び、苦しみと満足の能力だ。

カントは功利主義者にも正しい部分があると認めている。もちろん、私たちは苦痛を避けようとし、喜びを好む。カントはこれを否定してはいない。彼が否定しているのは、ジェレミー・ベンサムの「苦痛と喜びは我々の至高の支配者である」という主張だ。

カントは、私たちの理性的な能力が私たちを特別なものにし、単なる動物的存在から引き離すと考えていた。それは私たちを欲求を持った肉体的な生き物以上のものにする、と考えたのだ。

ところで、私たちはよく、自由とは望むことができることだと考える。あるいは、望むものを手に入れるうえで障害がないことだと。しかし、これはカントの考える自由ではない。

カントの自由の概念は、もっと厳格で厳しいものだ。しかし、じっくり考えてみれば、実は非常に説得力のあるものだと分かる。

カントはこう推論した。私たちが動物のように喜びや満足や欲望を追い求め、苦痛を避けようとするとき、本当に自由に行動しているとはいえない。なぜか。実際には、私たちは欲望や衝動の奴隷として行動しているからだ。

私たちは特定の飢えや欲望を選ぶわけではない。だから、それを満足させるために行動するのは自然の必要に迫られているからにすぎない。そしてカントにとって、自由と必要は相反するものだ。二、三年前、ある炭酸飲料のこんな宣伝文句があった。それは、「渇きに従え」というものだ。

この宣伝文句には、カント的な洞察が埋め込まれている。これはある意味ではカントの主張だ。君たちは炭酸飲料を求めるとき、自分は自由に好きなものを選んでいると思うかもしれない。しかし実際はそうではなく、のどの渇きや、宣伝により作られ操作された欲望に従っている。自分自身で選んだわけでも作ったわけでもない指示に従っているのだ。

そしてここが、カントの考える特別に厳しい自由の概念(2)の注目に値する点だ。私たちはどのように行動すれば、周りからの刺激や飢え、欲望、願望の指示に従うことなく、自分の意思を決定することができるのか。

カントの答えはこうだ。自由に行動することは、自律的に行動することである。そして、自律的に行動することは自分自身の与えた法則に従って行動することであり、食べたり飲んだりする欲望、たとえばレストランで食べ物を選ぶ欲望といった、物理的な法則や原因と結果の法則に従うことではない。

では、その反対は何だろうか。自律の反対は何だろうか。カントは、自律（オートノミー）の反対の意味を持つ特別な用語を考え出した[3]。それは、他律（ヘテロノミー）だ。

他律的に行動するとき、私たちは自分で選んだわけではない傾向性[4]（inclination）や欲望に従っている。だから、自律としての自由は、カントが強く主張した特に強力な考えだ。

では、なぜ自律の反対が他律的に行動すること、あるいは自然の命令に従って行動することなのか。カントは自然は法則、たとえば原因と結果の法則によって支配されてい

❖キーワード❖

2　カントの自由の概念
自由に行動すること。
＝自律的に行動すること。
＝自分自身で与える法則に従って行動すること。

3　自律——自分自身で与える法則に従って行動すること。
他律——自分自身で選んだのではない欲望に従って行動すること。

4　傾向性　本能的な衝動や欲望。

ると言う。ボールを落とすとしよう。それは地面に落ちるが、誰もボールが自由に行動していると は言わない。なぜなら、それは自然の法則、原因と結果の法則、重力の法則に従って動いているからだ。

カントはこのように、厳しい説得力のある自由の概念を持っていたが、それだけでなく、同じように厳しい道徳性の概念も持っていた。

自由に行動することとは、与えられた目的のために最善の手段を選ぶことではなく、目的自体のために目的を選ぶことである。そして、それは人間にはできるが、ボールにはできないことだ。

傾向性に従って行動するときや、快楽を追うとき、私たちは外から与えられる目的を実現する手段として行動している。私たちは自分が追い求める目的の作者ではなく、むしろ道具になっている。それが他律的な意思の決定だ。

一方、自律的に、つまり自らが与える法則に従って行動するとき、私たちはそれ自体を目的としてそのために行動する。自律的に行動するとき、私たちは外から与えられた目的の道具であることをやめ、自分自身を、自分自身の目的として考えられるようになるのだ。

この自由に行動する能力が、人間の生命に特別な尊厳を与えているとカントは言う。

人の尊厳を尊重することとは、人を単なる道具と見なすのではなく、目的そのものとして考えることを意味する。だからこそ、ほかの人の福祉や幸せのために人を使うのは間違いである。これが功利主義が間違っている本当の理由だ、とカントは言う。[5]だからこそ、人の尊厳を尊重し、権利を守ることが重要なのだというのだ。

思い出してほしい。ジョン・スチュアート・ミル[6]は、私たちが正義を守り、人の尊厳を尊重すれば、長期的には人間の幸福を最大化できると言った。

これに対しカントはどう答えたか。彼はこう答えた。

たとえそれが真実で、その計算がうまくいったとしても、たとえ「将来的に恐怖が広がり効用が低下するから、人をライオンと戦わせるべきではない」と判断したとしても、功利主義者は間違った理由で正義と権利を守り、人を尊重している。それは、まさに定

❖キーワード❖

5　イマヌエル・カント
人を目的そのものとして尊重せず、手段として使う功利主義は間違っている。

6　ジョン・スチュアート・ミル（功利主義者）
正義を守り、人の尊厳を尊重すれば、人間の幸福を最大化できる。

言的でない理由、言わば道具的な理由のためだ。

長期的に計算がうまくいき、最善の結果がもたらされる場合でも、それは人を目的そのものとして尊重しているのではなく、むしろ手段として使っていることになる。

これが、自律としての自由というカントの考え方だ。このあたりから、彼の自由と道徳性の概念がどのようにつながっているか見えてくる。

しかし、まだ答えの出ていない問題がある。何が行動に道徳的価値を与えるのかという問題だ。効用や願望、欲望を満たすことが目的ではないとすると、何が行動にその道徳的価値を与えるのか。これは私たちをカントの厳しい自由の概念から、厳しい道徳性の概念へと導く。

カントはこう言っている。行動を道徳的に価値のあるものにするのは、そこから生じる帰結でも結果でもない。行動を道徳的に価値のあるものにするのは、動機、意思の質、そして行為がなされる意図である。

重要なのは動機だ。そしてその動機は一定の種類のものでなければならない。行為の道徳的価値は動機で決まる。[7] そして重要なのは、その人が正しい行ないを正しい理由ですることだ。

「善意は、その結果や成果のために、良いものになるのではない。それ自体が良いものなのだ。最善の努力をもってしても何も達成しない場合でも、善意はそれ自身が全き価値を持つものとして、宝石のように光り輝く[8]」

どんな行為でも道徳的に良いものであるためには、道徳法則に従うだけではなく、道徳法則そのもののためになされなければならない。動機は行為に道徳的価値を与える。そして、行為に道徳的価値を与えることができる唯一の動機は、義務の動機であるということだ。[9]

では、それが正しいからという理由で、義務感から何かをすることの反対は何だろうか。

カントは、その反対は我々の傾向性に関係するすべての動機だと言う。そして、傾向

❖キーワード❖

7　カントの道徳性の観念
行為の道徳的価値は、動機に基づく（正しい行ないを正しい理由のためにする）。

8　「善意は、その結果や成果のために、善いものになるのではない。それ自体が善いものなのだ。最善の努力をもってしても何も達成しない場合でも、善意はそれ自身が全き価値を持つものとして、宝石のように光り輝く」
イマヌエル・カント

9　行為に道徳的価値を与える唯一の動機は、義務の動機。

性は私たちのすべての欲望、すべての偶然に与えられた願望、好み、衝動などを意味している。道徳法則のため、そして義務のためになされた行為だけが道徳的な価値を持つ。(10)

これについて君たちがどう考えるか聞きたいが、その前にいくつかの例を考えてみよう。カントはまず、ある店主の例を出した。行為に道徳的価値が与えられるのは、それが正しい理由でなされた場合のみだということを、直感的に理解させようとしたのだ。

ある店に、買い物に不慣れな客が入ってくるとしよう。そこの店主は、その客に渡すお釣りをごまかしても彼にはばれないことを知っている。少なくともその客には分からない。しかし、そこで店主は考える。「いや、もしこの客のお釣りをごまかしたら噂が立つ。自分の評判が傷つき、客が来なくなるだろう。だから、お釣りをごまかすのはやめよう」

店主は間違ったことはせずに、正しいお釣りを渡す。彼の行動に道徳的な価値はあるか。カントはないと言う。店主は、自己の利益という間違った理由で正しいことを行なっただけで、それには道徳的価値はない。これはとても分かりやすい事例だ。

カントはもう一つ、自殺の事例を取り上げている。彼は、私たちには自分を守る義務があると言う。人生を愛するほとんどの人は、自分の命を奪わない理由をいくらでも挙げられるだろう。だが、自殺しない真の動機を見極めるためには、誰かひどく不幸で本当に悲惨な生活を送っている人のことを想像する必要がある。つまり、ひどく不幸で惨めな生活を送っているが、それにもかかわらず自分自身を保つ義務をきちんと認識し、自殺せずにいる人だ。この例の意味するところは、重要な動機を明るみに出すということだ。そして、道徳性のために重要な動機は、義務のために正しいことをすることだ。

ほかに一つ二つ例を挙げてみよう。商事改善協会[11]の例だ。彼らの標語を知っているかな。

「正直は最善の策」

「そして最も利益をもたらす」

これは《ニューヨーク・タイムズ》紙に載った商事改善協会の広告[12]だ。「正直さ。それはどんな財産にも劣らず重要なもの。真実と公開性、そして公正な値段によるビジネ

❖キーワード❖

10　道徳性
　　義務vs傾向性
11　商事改善協会
　　「正直は最善の策」
　　「そして最も利益をもたらす」

スは、必ずうまくいくからだ。我々と一緒に利益を上げよう」商事改善協会のメンバーの正直な取引の道徳的価値を、カントはどう見るだろうか。

彼らが顧客と正直に取引する理由は、利益を上げるためだ。だから、彼らの行動には道徳的価値が欠けている。これがカントの主張だ。あるいは、数年前メリーランド大学でカンニングの問題が起こり、彼らは自主管理制度を始めた。地元の商店と共に作ったプログラムで、カンニングしないという誓約にサインすると、店で一〇％から二五％の割引を受けられるというものだ。割引のために倫理規定を守ろうとする人をどう思うだろう。それは、カントの店主の話と同じようなものだ。

重要なのは、意思の質、動機の性格だ。そして道徳に関係する動機は義務の動機だけであり、傾向性の動機ではない。そして、人が義務によって行動し、傾向性や自己の利益、同情、他人の利益といった動機に抵抗するとき、人は初めて、自由に自律的に行動していることになる。そのときになって初めて、人間の意思は外部の考慮事項に決定されたり、支配されたりはしていないと言えるのだ。これがカントの自由と道徳性の概念のつながりだ。

ここでいったん止めて、君たちがついてきているか確認したい。何か質問や疑問がある人はいるかな。確認したい点がある人は？　あるいは、義務の動機だけが行動に道徳的価値を与えるという考え方に異議があるならそれも聞こう。では、君。

アマディ　はっきりさせたい問題が二つあります。まずこの考え方には、「一度何が道徳的かを意識すると、道徳性の目的を達成するために自分の動機を変えることができる」というようなある種の自己破壊的な側面があるように思えます。

サンデル　例を挙げてくれるかな。

アマディ　店主の例です。客に正しいお釣りを渡そうと判断するとき、彼は道徳的になるために自分の動機を決められます。道徳性が彼の動機で決まるとすると、行動の純粋性を滅ぼすようなものではないでしょうか。彼の動機は道徳的に行動することではありません。

サンデル　つまり、君が想像しているのはただ純粋に利己的で計算高い店主ではなく、客のお釣りをごまかすことを考えているかもしれないが、口では、「悪い噂が立つと自分の評判が傷つく」とは言わずに、「自分は、それが単に正しい行ないだからという理由で、客に正しいお釣りをあげる正直な人になりたい」と言う人のことだね。

❖キーワード❖

12　真実と公開性、そして公正な値段によるビジネスは必ずうまくいく。

アマディ　あるいは、単に道徳的になりたいから。

サンデル　「道徳的になりたい。いい人になりたい。だから、道徳性が求めるものに従うようにする」それは微妙なところだ。いい質問だ、カントに重要なことを問い詰めているよ。

カントは、道徳法則に従うためには、何らかのインセンティブが必要だと言っている。[13]それは自己の利益のインセンティブではない。それは定義からして意味をなさない。彼が言っているのは、傾向性とは異なる種類のインセンティブで、それは道徳法則に対する敬意だ。

もしその店主が、「道徳法則に対する敬意を養いたいから、私は正しい行ないをしよう」と言ったとしたら、彼の行為には道徳的価値があると思う。自分の動機を形成し、一度その重要性を理解すれば、彼の意思は道徳法則に一致するからだ。だから、その行為には価値がある。

アマディ　では二つ目の質問です。どうすれば道徳性が完全に主観的になるのを防げるのでしょうか。

サンデル　どうすれば主観的になるのを防げるか。

アマディ　そうです。道徳性が完全に自分の道徳によって決められるのであれば、どのようにこれを適用できるのでしょうか。

サンデル　素晴らしい質問だ。君の名前は？

アマディ　アマディです。

サンデル　アマディ。

アマディ　はい。

サンデル　ありがとう。確かにアマディの言うとおり、道徳的に行動することが、義務から道徳の法則に従って行動することであり、自律的という意味で自由に行動することであるのなら、私が自分自身に与える法則に従って行動するのは、自律的に行動することを意味するはずだ。

しかし、それは面白い問題を提起する。自律的に行動することが自分自身に与える法則に従って行動することを意味し、原因と結果の法則や自然法則から逃れる方法なのであれば、私が義務から行動しているとき、自分自身に与える法則が、アマディが自分自身に与える法則や、君たち一人一人が自分自身に与える法則と同じだという保証は、い

❖キーワード❖

13　インセンティブ　人の意欲を引き出すための刺激、報奨。

ったいどこにあるのだろうか。

ここで問題だ。カントはこの教室にいくつの道徳法則があると考えるだろう。千か、それとも一つか。

彼は一つだと考えた。それはある意味で、道徳法則とは何かという問題に戻る。自律的に行動することは、良心に従って、つまり自分自身の法則に従って行動することだ。しかし、私たちが理性を実行するとき、全員が同じ道徳法則を見つけ出すという保証はどこにあるのか。

カントの答えはこうだ。私たちは皆、自律的な存在として自分に法則を与えるが、そこへ導く理性は一つである。[14] それはある種の実践的な理性であり、私たちが人間として共有しているもので、特異なものではない。

人の尊厳を尊重する必要があるのは、私たちが皆理性的な存在だからだ。そして、誰もが持っている理性の能力を実践することが、私たちすべてを尊厳に値するものにしているのだ。

そして、その理性の能力は経歴や環境に左右されず誰もが持つ普遍的な能力であり、道徳の法則を実現するものであるから、自律的に行動することは、結局私たちが自分に与える法則に従って行動し、理性を実践することなのだ。それは、私たちが共有している普遍的な理性であり、生い立ちや特定の価値観、利益により規定される特殊な理性ではない。

それは、カントの言葉を借りれば「純粋実践理性[15]」であり、特定の偶然ないし経験的な目的とは無関係に、アプリオリ（＝先験的）に、つまり経験的認識に先立って法則を制定するものだ。

そのような理性が実現する道徳法則とは何だろうか。どんな内容なのか。その質問に答えるために、次回は『人倫の形而上学の基礎づけ』を読んでいこう（拍手）。

❖キーワード❖

14 「私たちは自律的な存在として自分に法則を与えるが、そこへ導く理性は一つである」
イマヌエル・カント

15 純粋実践理性
特定の経験的目的とは無関係に、アプリオリに意思を規定する道徳法則を制定する理性。

〔小林正弥教授による解説〕

今回は、カント哲学の説明でした。カントは、ジョン・ロックと並ぶ、近代の代表的な政治哲学者の一人です。

ここでこれまでの講義を振り返って見れば、功利主義からはじめ、結果から考える帰結主義を批判して、それに対してリバタリアニズムを議論しました。リバタリアニズムを批判した上で、今回はカントを取り上げたわけですが、これらの考え方は、義務論、つまり「こうしなければならないのだからこうする」という考え方であり、カントの実践哲学はその典型をなすわけですね。印象的な例として、お釣りをごまかさない店主の例、そして、商事改善協会の例を出していました。

カントは、理性、自律性、自由といった、近代の原理を最も体系的に説明した思想家です。ですから、リベラリズムの最も良質な思想的源流であると考えられています。

カントの哲学は極めて難解なものですが、サンデル教授は今回、特に道徳や倫理に関わる実践哲学の部分に的を絞って、非常に分かりやすく説明していきます。これが分かれば、カント哲学の道徳的なエッセンスが分かる、と言えるでしょう。そして、この「人間の尊厳」を強調する近代の非常に良質の思想を十分に理解してもらった上で、この一連の講義の後半部分でサンデル教授は、その思想の限界を論じながら、自分自身の考える思想的方向を説明していきます。

レクチャー2
道徳性の最高原理

サンデル　今回もカントを取り上げるが、今週で君たちも、基本的にカントを理解し、彼が何をしようとしていたか分かるようになるだろう（まばらに笑）。

笑っているね。でも、本当にそうなる。

カントは、その著作『人倫の形而上学の基礎づけ』で、二つの大きな問題に取り組んだ。一つ目は、道徳性の最高原理は何か。二つ目は、どうすれば自由は可能になるか。この二点だ。

さて、カントの密度の濃い哲学書を理解する一つの方法は、互いに関連している二つの事柄の対比や対照、あるいはその二元論を整理しながら読んでいくことだ。

今回はそれらについて話したい。

これから、カントの提起した道徳性の最高原理は何か[16]という問いに答えていく。この問いに対するカントの答えに辿りつこうとする中で、カントが設定した三つの対比、あるいは二元論を覚えておくことは役に立つだろう。

一つ目の対比は、私たちの行為の動機、つまり何に基づいて行動するかということに関係している。カントは道徳性をもたらす動機はただ一つだけで、それは義務だと言った。その場合、正しいことを正しい理由でしていることになる。

では、ほかにはどんな動機があるだろう。カントはそれらを傾向別に分類した。私たちの動機が、自分の欲望や好みを満足させること、あるいは何らかの利益を追い求めることである場合、私たちは傾向性に従って行動していることになる。

さて、ここで君たちの意見を聞きたい。義務や善意の問題について考えるうえで、カントの主張について何か質問がある人はいるかな。それとも、みんな納得しているだろうか。どうかな。君。

◈キーワード◈

16　イマヌエル・カント

道徳性の最高原理は何か。

男子学生　本当に道徳的な行動は存在するのでしょうか。いつも、何かしら自分勝手な動機があるのではないでしょうか。

サンデル　人は多くの場合、自己の利益のために行動するだろう。カントもそれを認めている。しかし、カントが言っているのは、私たちが道徳的に行動する場合、つまり私たちの行動に道徳的な価値がある場合、その価値を与えるのは、自己の利益や傾向性を超越し義務に基づいて行動できる私たちの能力だ、ということだ。

何年か前、私は、単語を正確に綴《つづ》れるかどうかを競うスペリングコンテストについての記事を読んだ。そこには、優勝したアンドリューという一三歳の少年のことが書いてあった。彼が勝利を決めた単語は、「エコラリア（echolalia）」だった。エコラリアを知っている人はいるかな。

男子学生　花？

サンデル　何？

男子学生　花の名前？

サンデル　いや、花の種類ではない（一同笑）。それは、エコーのように聞いたことを反復する傾向のことだ。いずれにしても、彼は実際は綴りを間違えていた。だが審判が聞き間違えたために、彼は全国スペリングコンテストの優勝者になってしまった。しかし、彼は後で審判のところに行って、「本当は、自分はスペルを間違えたから賞に値しない」と言ったんだ。彼は道徳的な英雄と見なされ、《ニューヨーク・タイムズ》紙にも載った。「スペルを間違えたスペリングコンテストの英雄！」（一同笑）

しかし、ここからが重要だ。彼は後でインタビューを受けたとき、自分が真実を告げた動機をこう説明した。「審判の人たちは僕がとても誠実だと言いましたが、僕は自分が嫌な奴だと思いたくなかったのです」（まばらな笑）さあ、カントは何と言うだろう。どうぞ。

ヴァスコ　それが、彼が綴りを間違えたことを告白しようと決めた決定的な理由だったか、それともほんの一部の理由だったかによると思います。

サンデル　君の名前は？

ヴァスコ　ヴァスコです。

サンデル　面白い意見だ。誰か、これについてほかに意見がある人は？　カントの原則はあまりにも厳格で要求が厳しすぎるのか。カントはこれについて何と言うだろうか。君。

ジュディス　カントは、行為に道徳的な価値を与えるのは、義務から生じた純粋な動機だと言うのではないでしょうか。この場合、彼は複数の動機を持っていたかもしれません。自分を嫌な奴と思いたくないという動機のほかに、義務から正しいことをするという動機も持っていたかもしれません。一つ別の動機を持っていたからというだけで、彼の行為に道徳的価値が欠けていることにはならないと思います。義務がからむ動機は、行為に道徳的価値を与えるものだからです。

サンデル　君の名前は?

ジュディス　ジュディスです。

サンデル　ジュディス、君の説明はカントに忠実だと思う。道徳以外の別の気持ちや感情を持つことが、行為を支えるだけで動機そのものにならない限りそれは問題ない。ジュディスはこの動機の問題について、とても的確にカントを弁護してくれた。ありがとう。

さあ、ここで三つの対比の話に戻ろう。ある行為が道徳的価値を持つためには、傾向性からではなく、義務のためにそれを行なわなければならないというカントの意図はよく分かった。しかし、前回の講義で触れたように、カントの厳格な道徳の概念と、特に厳しい自由の理解の間にはつながりがある。

そして、それは二つ目の対比、さらには道徳性と自由のつながりに通じる。二つ目の対比は、自律的と他律的という、人の意思を決めることのできる二つの異なる方法を表している。

カントは、人が自由なのは自律的に意思を決定するときだけだと言う。つまり、自分に与える法則に従うときだけだ。私たちに自律としての自由の能力があるなら、押し付けられる法則ではなく、自ら与える法則に従って行動できるはずだ。

しかし、私たちが自分自身に与える法則はどこから来るのだろうか。それは理性だ。理性が人の意思を決めるなら、その意思は自然の支配や傾向性、あるいは状況から独立して判断する力となる。だから、カントの厳しい道徳性と自由の概念に関係しているのは、特に厳しい理性の概念なのである。

では、理性はどうやって意思を決めることができるのか。二つの方法があり、これは三つ目の対比につながる。カントは、理性は二種類の命令を出すと言う。そして、理性の命令をカントは「命法（imperatives）」と呼んだ。命法とはしなければならないことだ。

命法の一つは、おそらく最も親しみのあるもので、仮言命法(17)（hypothetical imperatives）だ。仮言命法が使うのは道具的理性だ。Xが欲しいなら、Yをしろ。これは、目的に対して手段を選ぶ理性だ。店の評判を良くしたいなら、噂が立つかもしれないから、客のお釣りをごまかすな。これが仮言命法だ。

「もし行為が、単に別の何かのための手段としてのみ良いのであれば、命法は仮言的である。行為がそれ自体において良いと示され、それゆえ、それが理性と一致している意思のために必要であるなら、命法は定言的である」[18]

これが、定言命法と仮言命法の違いだ。定言命法は、定言的、つまりそれ以上の目的に言及したり依存したりすることなしに、命令を出すという意味だ。

これらの三つの対比の間につながりが見えてきただろう。自律的な意味で自由になるためには、仮言命法から行動するのではなく、定言命法から行動することが必要になる。カントは、これらの三つの対比を用いて、私たちを彼の考え出した定言命法にまで導いた。[19]

しかしここで一つの大きな問題が残る。定言命法とは何か。道徳の最高原理は何なのか。それは私たちに何を命令するのか。カントは定言命法について、三つの定式を挙げている。そのうちの二つについて、君たちの意見を聞きたい。一つ目の定式を、彼は「普遍的法則の定式」と呼んだ。[20]

「同時に普遍的法則となることを意思しうるような格率に従ってのみ行為せよ」[21]

「格率（maxim）」とはどういうことか。それは、人がそれに従って行動する原則、原理だ。

たとえば約束を守ること。私には一〇〇ドル必要だとする。何としても。でも、すぐ

❖キーワード❖

17 仮言命法

18 「もし行為が、単に別の何かのための手段としてのみ良いのであれば、命法は仮言的である。行為がそれ自体において良いと示され、それゆえ、それが理性と一致している意思のために必要であるなら、命法は定言的である」

イマヌエル・カント

19 カントの三つの対比

道徳性

(1) 動機　義務vs傾向性

自由

(2) 意思の決定　自律的vs他律的

理性

(3) 命法　定言命法vs仮言命法

20 定言命法

(1) 普遍的法則の定式

(2) 目的としての人間性の定式

には返せない。君のところに行って、守れないと分かっていながら、嘘の約束をする。「今日一〇〇ドル貸してくれないか。来週返すから」

この約束は定言命法に合致しているか。カントはノーと言う。そして、嘘の約束が定言命法と食い違っていると判断する方法は、それを普遍化してみることだ。その行為の格率を普遍化してみるのだ。

お金が必要な人が全員嘘の約束をしていたら、誰もそれらの約束を信じなくなる。約束というものは機能しなくなり、矛盾が生じる。普遍化された格率は自らを掘り崩すのだ。このテストによって、嘘の約束が間違いであることが分かる。

普遍的法則の定式はどうだろうか。説得力があるだろうか。意見を聞きたい。君。

ティム　定言的と仮言的の違いについて、質問があるのですが。

サンデル　定言命法と仮言命法の違いだね？

ティム　はい。もし、格率が自らを掘り崩すことがないように、定言命法で行動するとしたら、「私はYが欲しいからXをします」と言っているようなものです。たとえば、「私は約束が守られるように世界が機能してほしいから、嘘をつきません」というように。

サンデル　約束の慣行を壊したくないからというのだね。

ティム　そうです。それは、目的により手段を正当化しているようです。

サンデル　帰結主義者の論法のようだと言いたいんだね。

ティム　はい。

サンデル　君の名前は？

ティム　ティムです。

サンデル　ティム。ジョン・スチュアート・ミルも君と同じ意見だった。彼も、同じようにカントを批判した。

ミルは「もし、嘘の約束をしないという理由が、［嘘を許す］格率を普遍化することで約束を守る慣行がすべて破壊されるということにあるなら、私は何らかの帰結に訴えているに違いない」と言った。

ミルは、君のカントに対する批判に同意していたんだ。だが彼は間違っていた（一同笑）。

❖キーワード❖

21　普遍的法則の定式

「同時に普遍的法則となることを意思しうるような格率に従ってのみ行為せよ」

イマヌエル・カント

でも、君たちはいい仲間だ。カントはティムがちょうど彼を解釈したように、帰結に訴えるように解釈されることが多い。「皆が嘘をついたら誰も他人の言葉を信頼できなくなるから、世界は一層悪くなる。だから嘘をつくべきではない」というように解釈されがちだが、カントは厳密にはそうは言っていない。

カントが言っていること［格率の普遍化］はテストだと思う。それは、格率が定言命法に相当しているかどうかを調べるテストであって、厳密には理由ではない。格率をテストするために普遍化しなければならない理由は、「自分の特定の要求や欲望を、ほかの皆のものに対し、優先させていないかどうか」を見るためだ。

自分の利益や要求、特別な状況がほかの人のそれよりも重要であるという理由で、自分の行動を正当化するべきではないというのが、定言命法の特徴であり要求である。これが、普遍化のテストの背後にある道徳的直観だ。

では、カントの二つ目の定言命法を説明しよう。たぶん、これは普遍的法則の定式よりも、直観的にとっつきやすいだろう。それは、目的としての人間性の定式だ。

カントは定言命法の二つ目の定式を、次のような一連の議論で紹介している。定言命法の根拠は、特定の利益や目的にあってはならない。なぜなら、そうするとそれが目的の持ち主にだけ関係するものになってしまうからだ。

「しかしながら、存在そのものが絶対的な価値を持つもの、つまりそれ自体の中に目的を持つものがあると仮定すると、そのものにのみ定言命法の根拠が見いだされる(22)」

では、この目的をそれ自体の中に持っているものとは何か。カントの答えはこうだ。

「人間および一般的に理性的な存在すべては、目的自体として存在し、誰かの意思によって恣意的に使用されるための手段として存在するのではない(23)」

ここでカントは人と物を区別している。理性的な存在とは人間である。人間は単に相対的な価値を持っているのではなく、絶対的な価値、内在的な価値を持っている。理性的な存在は尊厳を持っており、彼らは敬意と尊敬に値する。この一連の推論でカントは定言命法の第二の定式に辿りつく。

「君の人格にも、他のすべての人の人格にもある人間性を、単に手段としてのみではな

❖キーワード❖

22 「しかしながら、存在そのものが絶対的な価値を持つもの、つまりそれ自体の中に目的を持つものがあると仮定すると、そのものにのみ定言命法の根拠が見いだされる」
イマヌエル・カント

23 「人間および一般的に理性的な存在すべては、目的自体として存在し、誰かの意思によって恣意的に使用されるための手段として存在するのではない」
イマヌエル・カント

く、常に目的として扱うように行為せよ」[24]

これが目的としての人間性の定式だ。理性的な存在としての人間は、自分自身の中に目的があり、単に手段として自由に使用することはできない、という考え方だ。私が君に嘘をつき、君を私の目的、つまり一〇〇ドルを得るという欲望のための手段として使うとすると、私は君の尊厳を尊重するのを怠り、君を操っていることになる。

ここで、自殺に反対する義務の例を考えてみよう。殺人と自殺は定言命法に逆らっている。なぜか。

もし私が誰かを殺害したら、その人の命を何らかの目的で奪っていることになる。私が雇われた殺し屋だからにしろ、激怒か激情のためにしろ、私には何らかの利益や特定の目的があって、その人を手段として使うことになる。だから、殺人は定言命法に違反している。

カントにとって、自殺は道徳的に言って殺人に等しい。たとえ自分の命であろうと、誰かの命を奪うのはその人を使うことになるからだ。私たちは理性的な存在を使い、人間性を手段として使うことで、人間を目的のものとして尊重することに失敗しているのだ。

そして、この理性の能力や尊敬に値する人間性は尊厳の根拠であり、そのような人間性と理性の能力は私たち全員の中に無差別に備わっている。自殺は、自分自身の人格にある尊厳を侵害することであり、殺人は誰かの命を奪うことでその尊厳を侵害することだ。道徳的な観点からはどちらも同じことなのだ。

そして、それらが同じであることは、道徳法則の普遍的な性格に関係している。私たちがほかの人の尊厳を尊重しなければならない理由は、彼らの個人的な特徴とは関係ない。だからカント派の尊敬は、そういう意味では愛とは違う。同情とも違う。団結や仲間意識や利己主義とも違う。愛や他人を気にかける特定の美徳は、相手の個人としての具体的な特徴に関係する。

しかし、カントにとって尊重とは、普遍的な人間性、普遍的な理性的能力に対する尊重だ。したがって、自分自身の人間性を侵害するのは、他人の場合と同じように好ましくないことなのだ。質問か反論は？　どうぞ。

パトリック　カントの「誰もが自分自身の中に目的があるから、人を手段として使うこ

❖**キーワード**❖

24　「君の人格にも、他のすべての人の人格にもある人間性を、単に手段としてのみではなく、常に同時に目的として扱うように行為せよ」

イマヌエル・カント

とはできない」という主張が気になります。僕たちは毎日、その日に何かを成し遂げるために、自分自身や周りの人たちを目的のための手段として使わなければなりません。たとえば、講義で良い成績を取るために、レポートを書かなければならないとします。僕は自分自身をレポートを書く手段として使わなければなりません。食べ物を買うには、僕は店員を手段として使わなければなりません。

サンデル そうだね。それは事実だ。君の名前は?

パトリック パトリック。

サンデル パトリック、君は何も間違ったことはしていない。君はほかの人を手段として使うことで定言命法に違反してはいない。私たちは、自分たちのプロジェクトや目的、利益のために他人を使うとき、彼らの尊厳を尊重するやり方で接すれば何も問題はないのだ。そして、彼らを尊重するということの意味は、定言命法によって与えられる。納得しただろうか。カントは道徳性の最高原理に抵抗し難い説得力のある説明を与えていると思うだろうか。その質問には次回答えることにしよう(拍手)。

〔小林正弥教授による解説〕

今回は特に難しい講義だったと思いますね。さすがにハーバードの学生さんたちも、議論についていくのが必死という感じでした。でもさすがにレベルの高い学生さんたちだと思うのは、この講義を十分にフォローして、自分たち自身の議論を展開していこうとしているところですね。

カントの哲学のひとつの重要なポイントは、人間を手段ではなく目的として扱うように行為することを要請していることです。そこから人間の尊厳が引き出されてくるわけです。以前の講義で扱われたような生命倫理の問題も、こういった観点から考えることができるわけですね。今回の講義では、殺人とか自殺の例が取り上げられていました。

もう一つの重要なポイントとして、普遍化可能かどうかというテストについて説明がありましたけれども、このようなテストが重要になるのは、「すべての人に同じように当てはまる道徳的法則があり、それにみんなが従うべきだ」と考えているからです。この考え方は、普遍主義的な道徳理論の特徴ということができます。例えば、権利という考え方は、すべての人に普遍的に当てはまり、地域や人種や場所を超えて適用可能である、ということですね。リベラリズムの論理は、この普遍主義の考え方を非常に重視しているわけです。

これは非常に重要な考え方ではありますが、弱点もあります。それは、人間の個別的な周囲の状況とか、あるいは環境が、必ずしも道徳理論の中に入ってこないという問題点ですね。実は、その弱点を、サンデル教授は著作などで指摘しています。こういった問題を考えるための前提として、カント哲学をやさしく説明されたのでしょう。

東京大学特別授業【前篇】

——イチローの年俸は高すぎる？

（二〇一〇年八月二五日、東京大学安田講堂にて）

イチローの年俸は高すぎる？

サンデル ありがとう。日本に来て東京大学で皆さんの前に立つことができて光栄です。

〝ようこそ、ハクネツキョウシツ〟（場内拍手）。

今日は、正義の意味について一緒に考え、議論していこう。そして、正しい社会を作ることの意味について考えてみよう。

私は何週間も、君たちとのこの対話を楽しみにしてきた。

ところが、日本人の友人から心配なことを言われた。

彼が言うには、日本人はとても恥ずかしがり屋で、政治的なディベートには参加しないし、ディベート自体も上手《うま》くないらしい。

私は彼を信じていない（場内笑）。彼は間違っていると思う。でも、実際、君たち自身はどう思っているか知りたい。

君たちの中で、引っ込み思案で、今日ここでの活発な議論に参加することができない人、手を挙げて。恥ずかしくて、手も挙げられないのかな（場内大笑）。そんなことはないだろうね。

どれだけの人が、正義について、活発で激しい議論に参加する準備ができているだろう。やる気があって、参加できる人は？　手を挙げて。

いいだろう。今、手を挙げた人たち、私を安心させてほしい。君たちが私と一緒に頑張ってくれるのだと私が安心できるように。どうして君たちは自信があるのか教えてくれないか？　君！　マイクを渡すから立ち上がって。君の名前は？

ユウタロウ　ユウタロウです。僕たちは日本の新しい世代だからディベートすることができるんです。

サンデル　気に入った（場内笑）。ありがとう、ユウタロウ。皆、賛成かな？（場内拍手）準備はいいね？

この授業では、正義とは何かという問いに哲学者が出した三つの異なる答えを、君たちと探っていきたい。

最初の答えは、正義とは幸福の最大化を意味し、最大多数のための最大幸福を追求するというものだ。

二つ目の答えは、正義は人間の尊厳に価値をおくこと、そして人間の基本的で絶対的な権利と義務を尊重するというものだ。

三つ目の伝統的な答えは、正義についての哲学的な議論によると、正義とは美徳と共通善を称え、育むことを意味する。

これらの三つの伝統的な思想を君たちとの議論で探っていきたい。

君たちはすでに学習ずみかもしれないが、正義とは何かという問いへのこうした答えは、歴史上の様々な哲学者が出して発展させ、議論してきたものだ。

幸福の最大化という最初の答えは功利主義の考えで、一八世紀のイギリスの哲学者、ジェレミー・ベンサムがはじめに力強く主張したものだ。

正義に関する３つの考え方

1）最大多数の最大幸福～「功利主義」
（ジェレミー・ベンサム）

2）人間の尊厳に価値をおくこと。
（カント）

3）美徳と共通善を育むこと。
（アリストテレス）

人間の尊厳と、定言的［絶対的］な権利と義務を尊重するという二つ目の答えは、ドイツの哲学者、イマヌエル・カントの主張。そして正義は美徳を称え育むことを意味するという三つ目の答えは、古代ギリシャの哲学者、アリストテレスのものだ。これら哲学者が、今日ここでの我々の旅のパートナーだ。

しかし、このような哲学者の主張を直接探っていくよりも、私がいくつかの質問をしていくことでその哲学を検討していきたい。そうした質問を通して、我々は自分自身で考え始め、正義についてのこれらの三つの考えの可能性を評価し、見極められるようになる。

では、どの話から始めようか？　路面電車の事例でもいいが、たぶん、それはお馴染みすぎるだろう。じゃあ、ボートで海をさまよった四人の事例、一九世紀後半のイギリスの有名な訴訟事件から始めよう。

三人の命vs一人の命

サンデル　この話を聞いたことがある人もいるだろう？　聞いたことがある人はど

のぐらいいるかな？　たくさんいるね。

四人の乗っていた船は沈没し、救命ボートで脱出した。わずかな食糧と飲み物しかなく、数日のうちに食べ物も水もなくなった。

乗組員は船長と二人の船員、そして給仕の少年の四人だ。給仕の少年の名前を覚えているかな？　リチャード・パーカー。彼は海水を飲み、すっかり具合を悪くした。

二週間以上が過ぎ、ついに船長はこう言った。「私たちが生き延びるためには、給仕の少年を殺すしかない。しょせん、給仕の少年は孤児で家族もなく、彼がいなくなっても悲しむ者はいない。我々は皆、家族持ちだ。祖国イギリスには養わなければならない家族がいるんだ」

船長は給仕の少年を殺し、数日の間、三人の船員は給仕の少年パーカーの肉を食べて生き延びたのだ。

最終的に三人は救出されイギリスに戻ることができたが、殺人罪で裁判にかけられた。彼らは、必要に迫られての行為だったと主張した。

君たちがこの訴訟の判事で、道徳上の見地からこの事件を裁くとしよう。給仕の少年を殺したことは道徳的に許されるのだろうか？　それとも間違っているのか？

さあ、これが今日最初の本当の投票だ。あの状況で、給仕の少年を殺したことは、道徳的に許されると考える人は手を挙げて。

では、彼らがしたことはまったく間違っており、彼らは罰せられるべきだと考える人は？

彼らを非難する人のほうが擁護する人よりも多いようだが、意見は分かれているね。

まず、彼らを擁護する人の意見から聞こう。誰から始めようか？　彼らを弁護する理由は何だろうか？　君にマイクを回すから。君の名前は？

アキラ　アキラです。全員死ぬよりは、一人を殺すことによって生き残るほうが、社会的に見ても有益であると考えますし、さらに食べられた人間は誰も身内がいない人間であって、悲しむ人間もいません。しかし、食べなければならなかった人間は支えるべき家族がおり、彼らが死ねばそのような人間の悲しみも増大するので、これは許されると思います。

サンデル　いいだろう。アキラ、そのままマイクを持っていて。君は数が重要だと考えるのだね。三人の命対一人の命、そして救出された三人には家族があり、彼らの幸せも考えなければならないという、さらなる事実がある。

だから君は給仕の少年を殺害することは、社会の最大多数のための最大幸福を促進するという理由から彼らを擁護するんだね。それでいいかい？

アキラ　はい、そのとおりです。

サンデル　オーケイ。ところでアキラ、君は自分を功利主義者だと思うかい？（場内笑）

アキラ　はい、そうです（場内笑）。

サンデル　よろしい。そのままで。

次に、彼らがしたことは道徳的に許されないと考える人から、アキラの功利主義的な見方に反対する意見を聞きたい。どうして反対なのか、説明できるかな？　どう思う？　立ち上がって。マイクを回すから。

リョウタロウ　道徳的に許されません。誰にも基本的人権があります。どんな状況でも侵害されてはなりません。さらに少年の許可を得ずに殺すやり方は間違っています。

サンデル　いいだろう。君の名前は？

リョウタロウ　リョウタロウです。

サンデル　リョウタロウは、道徳的にいって、数字はまったく重要ではなく、彼らがしたことは、定言的［無条件］に間違っていると言う。アキラの言うようにそれで多くの命が助かったとしてもだ。その三人には家族があった。

一方、給仕の少年には選択肢がなかったという事実も君にとっては問題になる。彼には事前に相談がなかった。彼に殺してもいいか尋ねることはなかったし、彼はそれに同意もしていなかった。人間には、自律性、つまり自分の命について選択する自律の基本的権利があると思うかい？

リョウタロウ　この社会では、誰もが自分の体をコントロールする権利を持っていて侵害できません。

サンデル　誰もが自分の体をコントロールするという権利、基本的な権利を持っているのだね。この議論について、アキラ、どう思う？

アキラ　どのみちその少年は死ぬはずだったのだから、たぶん暗黙的な了承もあったんじゃないかなというふうに考えています。それに、三人の基本的人権を守るために人権を害したのであれば、それは私は許されることだと思います。

サンデル　よろしい。では二つの意見が出たが、ほかに彼らを非難する側に加わりたい人は？　あれは間違っていたと考える人は？　君。さあ、君はアキラに何と答える？

カオリ　死んだ方にも将来があり、将来家族ができたかもしれない。そうなった場合、ではその将来の家族に対してどういうふうに考えるのかと思いますと、そのアキラさんの言っていることはまったくもって間違っていると思います（場内笑）。

サンデル　いいだろう。そのままで。君の名前は？

カオリ　カオリです。

サンデル　数についてはどうかな？　数は道徳的には重要ではないかね？

カオリ　数は重要ではないと思います。人の人生、命ということに数ということを足してしまったら、おかしなことが起こると思います。

サンデル　どう思う？

アキラ　いやしかし、さっきの事例によりますと、その少年は衰弱しきっていて、もう死ぬことが決まっているかのような言い方だったので、それだったらその人間は暗黙的に食べられることをおそらく許可したと思います（場内笑）。

だから、その人間を犠牲にすることによって三人の命やその家族を守ることは、これは国家的に見ても有意義な行為だと私は思います。

カオリ　まったくもっておかしな話だと思います（場内笑）。であれば、この中で体の弱っている人がいたら、その人を殺していいのかということになります。そういうことはまずないと思います。人の命というものの重さは等しいものであって、命の重さに軽い重いをつけることはできないと思います。

サンデル どう思うかね？

女子学生 アキラさんは少年が死ぬことは確実だったと言いました。助けがくれば事情は違いますが……。

サンデル だから？

女子学生 自己犠牲であるなら話は別で、正当化されると思います。

サンデル では、パーカーが「どうも僕は具合がよくない、どうぞ召し上がれ」（場内笑）と言っていたら、問題なかったということかい？

女子学生 同意なしにパーカーを殺すよりよかったと思います。

サンデル 許されるのだろうか？

女子学生 少年の同意があれば許されると思います。

サンデル すると、それは前に出た意見、人間は自分の体について決める権利を持つという考えに一致することになる。自分が望むなら自殺する権利を持つということだと思う？

女子学生 はい。自分の体をコントロールする権利があると彼は言いました。

サンデル　君はそれに賛成する？
女子学生　その論理に従うなら、賛成です。
サンデル　誰かこれに反対の人は？　パーカーが同意してもなお、それは間違っていると思う人は？　間違っていると思うのかね？　後ろの人、どうしてかな？
ヨウヘイ　ヨウヘイです。僕は間違っていると思います。というのは、自分は一人で今まで生きてきたんじゃなくて、両親の支えや友人の支えで助けられて生きてきたと思います。その人たちの分も背負って生きていると思うので、自分で死んでいいと思ったときにそのまま自分で命を絶つとか、死んでいいよっていうふうに自分で許可を与えることは間違っているんじゃないかなというふうに考えます。
サンデル　ヨウヘイは、人間には自分の命を捨てる権利さえないと言っている。では、パーカーを殺すことはどう思う？　道徳的に許されるか、それとも間違っているか。ヨウヘイ、どう思う？
ヨウヘイ　僕は道徳的に認められないと思います。
サンデル　道徳的にそれは許容できない、ね。
　功利主義的な考えに対して、二つの面白い反論が出てきた。
その一つは、我々には基本的権利・自律権があるので、自分自身の体と命もどうするか決める権利がある。だから、パーカーを殺害する考えは間違っていたという意見だ。

そして、ヨウヘイ、君が示しているような二つ目の考えがある。それは生命に対する権利はとても根本的なものなので、自分でも捨てることはできないとする考えで、哲学者はそれを不可譲《ふかじょう》の権利と呼んだ。ある種の権利は非常に根源的で、自分の命をどうするか、個人が好きに選択することはできないという考えだ。

さて今まで議論してきたのは、正義の最初の考え、幸福の最大化という考えの実例だ。

アキラの考えはこうだ。一人の命よりも三人とその家族を加えた幸せのほうが大きい。そして、この功利主義的論法に対して、自律という基本的・定言的［絶対的］権利に訴える反論があった。

さらに、基本的権利や人間の尊厳を尊重することが何を意味するか、二つの異なる主張があった。人間の尊厳を尊重する考えでは、一人一人が自分の命と体をどうするか選択することができる。

基本的権利の別の考えによれば、生命の権利はとても重要で、とても根本的なものなので不可譲であり、自分でも放棄することはできないという。その二つ目の考えでは、私の命は私自身の所有物ではない。なぜなら、ほかの人々が私に頼っているかもしれないからだ。

そして、人生を生きるとは、自分の命を絶って単に自由に放棄することはできないという、ほかの人に対する責任を含むかもしれない。

ここまでの議論で、功利主義の道徳的論法と、カントの権利あるいは義務に基づく道徳的論法の典型的な対比を行なってきた。我々はその違いを明らかにしてきたが、同じ人間の尊厳に訴える正義の考えの中にも、とても興味深い意見の相違も見られた。

さて、海で遭難した四人の極端な状況の、とても遠い話から、所得の分配、貧富の差という現代の問題に移ろう。

イチローの年俸は高すぎる？

サンデル　どれくらいの所得や富の不平等が社会を不公正なものにするのだろうか？

巨額の給料を稼いだり、巨額の富を持つ人もいるのに、ほんのわずかしか持っていない人もいるのは不公正だろうか？

さあ、ここで質問、正義についての問題だ。ある人は、自由市場経済の作用で生じる分配であれば、何であれ、それは所得と富の公正な分配だと言う。物とサービスの交換が強制されることなしに自由に合意されている経済のことを、自由市場経済と解釈するとしよう。その結果を、所得と富の公平な分配と見なすのは一つの考え方だ。それに反対する者もいる。

君たちがどう思うか見てみよう。日本の学校の先生の平均年収は、アメリカドルに換算すると、四万五〇〇〇ドル（＝約四〇〇〇万円）だ。いい給料だが、それほど高くはない。

日本人で一番高額を稼いでいるのは誰だと思う？　分かるかい？　想像がつく？　誰？　イチロー？（場内笑）

たぶんそうだろう。彼が一年でいくら稼いでいるか知っているかい？　四万ドルじゃない。

イチローの一年間の稼ぎは一八〇〇万ドル（＝約一五億円）だ。

私は大の野球ファンで（場内笑）、イチローは大好きだ。彼は大リーグで、最も優れた選手の一人だと思う。確かに野球殿堂入りに値する。

彼は一年で一八〇〇万ドル稼ぐ。日本の平均的な教師の年収は四万五〇〇〇ドルだ。これは公正だろうか？　イチローは学校の先生の四〇〇倍の稼ぎに値するだろうか？

そう思う人は、どのぐらいいるかな？　君たちは皆、野球ファンだね（場内笑）。いや、不公平だ、彼は先生の四〇〇倍稼ぐには値しないという人は？

もう一つ比較を出してから、皆の理由を聞こう。

三人目の人を挙げよう。イチローのように、とても重要なことを、とても上手くやっている。オバマ大統領だ。

彼の年収を知っているかい？　どう思う？　一五〇〇万ドル？　いや、四〇万ドル（約三五〇〇万円）だ。学校の先生よりは高いが、イチローよりはるかに少ない。

イチローはアメリカ合衆国大統領、バラク・オバマの四二倍稼ぐのに値するだろうか？

イエス、イチローはその収入に値するという人はどのぐらいいる？　野球ファンたちはどう思うかな？（場内笑）

彼は、アメリカ大統領の四二倍もの稼ぎには値しないと考える人は？　多くの人が決めかねているね。

いいだろう。イチローが学校の先生の四〇〇倍、バラク・オバマの四二倍の収入には、道徳的に値しないと考える人たちから意見を聞こう。どうして駄目なのかね？　君。名前は？

ユズハ　ユズハです。

サンデル　ユズハ？

ユズハ　イチローはそこまでの高額な給料に値しないと思います。単にチームの一員としてプレイするだけだからです。チーム名は知りませんが……。

サンデル　シアトル・マリナーズだ！（場内笑）

ユズハ　一方、オバマ大統領はアメリカ国民にすべての責任を負っています。核兵器使用についての決定権も持っていて、世界中の人々への影響力があるんです。だから、オバマ大統領はもっと高額な給料に値すると思います。

サンデル　イチローがチームの他のメンバーに頼っているのは本当だ。しかし、彼らもイチローよりは少ないが、高い給料をもらっている。

そして、オバマが重要な仕事をしているのは事実だが、彼もチームに頼っているのではないか？　彼には閣僚メンバーがいて、議員にも頼らなければならない。君がオバマのチームはマリナーズよりもいいか悪いか、どう考えるかは分からないが……。

ユズハ　イチローがチームに頼っていると言うつもりはありません。でも彼の影響が及ぶのはチームメイトだけです。アウトになったり負けたりしても、チームに影響するだけです。

一方、オバマ大統領が核兵器のボタンを押すと、一国が吹き飛んでしまうかもしれないんです。

サンデル　いいだろう。君の言っていることは分かる。ユズハ、君はどうやら、イチローがオバマの四二倍の稼ぎに値しない理由は、突きつめて言うとイチローがしていることは、オバマ大統領がしていることよりも重要ではないと考えているからのようだね？

ユズハ　そうです。

サンデル　どう思う？　君。

女性　娯楽は生活のために必要だから、お金を払ってイチローの試合を見るんです。オバマ大統領がやっていることはとても重要ですが、扱っているのは「問題」で、わざわざ見たいものではありません。

オバマは税金を使って問題に取り組むのに対し、イチローは人々を楽しませて給料を稼ぎます。だから所得が違うんです。

サンデル　彼らの間の所得の格差は公正だと思うかい？

女性　そう思います。

サンデル　公正だという理由は、みんなが野球が好きでイチローを見たいからだね？

女性　私は熱心な野球ファンではありませんが、野球は多くの人にとって生きる支えや楽しみとなり、重要な意味を持っています。そういう人たちが払ったお金でイチローが金持ちになることは悪いことだとは思いません。

サンデル　イチローがあれだけの給料に値するとなると、日本の貧しい人を助けるためとはいえ、その収入の半分を税金として取るのは間違っていると思うかね？

女性　私は課税にはちょっと反対です。

サンデル　課税にちょっと反対？

女性　イチローが金持ちになって、その気があるのなら貧しい人に寄付するでしょう。それが正しい行ないだと思えば……。

サンデル　望むなら寄付できるというのだね。

女性　そのとおりです、ビル・ゲイツのように。私はそのほうが良いと思います。

サンデル　しかし彼らが教育や道徳心から慈善を行なう気にならなくとも、法律的には何ら問題はない。
　社会は、ビル・ゲイツやイチローに巨額の収入の四一％や五一％を貧しい人の医療費のために渡すよう求めるのに、法的拘束力を使うことはできない。国家には、彼らに強制する権利はないということだね？
女性　ある程度は課税すべきでしょうが、行き過ぎた課税はやる気を失わせます。
サンデル　ほかに、税金は不公正だと考える人は？　君はそう？　理由を教えてほしい。
タカシ　市場《しじょう》の原理の中で金を得たわけですから。たとえばイチローであればプレーによって金銭を受け、本人の努力と才能によって金銭を得ています。それは市場が決めて、市場にいる人間が彼に対してお金を払ったのだから適正であり、国家はさらにそれを再分配するように彼に強制することはできないと思います。
サンデル　なぜ国家が富を再分配するのに、彼に強制するのは間違っているのか？彼の基本的権利を侵害しているのだろうか？
タカシ　それはもともとその市場の中にいる人間どうしが取引をすることで、その社会というものができているからだと思っています。国家というのは、その社会の上に成り立っていて、その市場の中でたとえば犯罪が起きた場合に、それを取り締まる機能を持っていますが、その富が偏在した場合においても、個人の権利を侵害してその金銭を取り上げるというのは、国家の役割をすでに逸脱していると思うので、間違っていると思います。

サンデル　君の名前は？

タカシ　タカシです。

サンデル　タカシ、君は自称リバタリアンかね？

タカシ　はい、リバタリアンだと思っています。

サンデル　いいだろう。今ここで基本的権利が問題となっている。しかし、君が問題にしている基本的権利は所有権であって、生命に関する権利ではない。国家は、慈善を行なうかどうかという、人々の意思や選択の自由を尊重しなければならないというのだね。それなら、君は自律の考え方に賛成しているようだ。

自律は前にリョウタロウが功利主義に反対したときに出てきたね。リョウタロウ、君は自律の基本的権利を引き合いに出したが、ビル・ゲイツやイチローが、貧しい人を支援するために自分の意思に反して課税されたら、彼らの基本的権利は侵害されると思うかい？

リョウタロウ　タカシが正しいとは思いません。政府は課税してよいと思います。政府は貧しい人に最低生活基準を保障する役割を担い、それを実現するためには社会の誰もが協力しなければなりません。そもそも、金持ちになれた理由は社会が機会を与えてくれたからです。

だから貧しい人を気にかける責任があると思います。政府は金持ちに課税して、貧しい人々を助ける責任があると思うのです。

サンデル　しかし、自分のことは自分で決めるという自律の権利はどうだろう？

リバタリアンは、その権利は、ビル・ゲイツやイチローまで当然含まれると言う。貧しい人たちを助けたければ自由にできるべきだが、強制されるべきではないというのだ。この権利はどうだ？

リョウタロウ　確かに自律の権利はありますが、他人への危害などによって、制限されることもあります。貧しい人々を救うことのほうが、豊かな人の自律の権利より大切です。政府の課税は正当化されると思います。

サンデル　こんなふうにディベートが展開していくとは面白い。

では、功利主義者は所得の再分配についてどう思うだろう？　当ててみよう。所得と富の再分配に賛成だね？

アキラ　はい、私はオーケーです（場内笑）。

サンデル　君は賛成なのか。

アキラ　たとえば一〇億ドル稼ぐ人に五億ドルの税金を課したとしても、その人は痛くもかゆくもないと思います。なんら不幸を感じないと思います。しかしそれを再分配することによって、貧しい人たちは多大な効用を得ることができます。最大多数の最大幸福が実現できるので、私は賛成です（場内拍手）。

サンデル　これは面白い。さっきはほとんどの人が君は冷酷で、功利主義は残酷な理論だと思っていた。より多くの命を救うためなら無実の給仕の少年を進んで殺すのに、アキラ、今では君は拍手を受けている（場内笑）。

なるほど。君は功利主義の理論を所得の再分配にあてはめている。貧しい人の幸福が増すことは、少なくとも当分はビル・ゲイツやイチローの幸福が減少する割合よりも大きいからだ。彼らから一〇〇万ドル取り去っても、たぶん気づきもしないかもしれない。

だから、この所得の再分配のケースでは、最初の議論ではとても過酷な理論に見えた功利主義の理論が、いまや突然拍手を受けている。

さて、幸福の最大化という功利主義の考えは、所得と富を裕福な人から貧しい人に再分配する唯一の正当な根拠なのだろうか？

誰か、これについて、功利主義ではない別の正当化の理由がある人は？　はい、君。

マミコ　マミコです。私は、そもそも自分自身の生命、他人の生命を、人類は傷つけてはいけないという考えに立っています。ですので、お金がないことによって医療が受けられず、死んでいく命を自分のコミュニティから出すこと自体を避けるべきであると考えます。

サンデル　君は自分のコミュニティから、貧しくて医療を受けられない人を出したくないのだね。それはどうしてかな？　それは単に幸福の最大化への最善策だからか？　あるいは、ほかに道徳的に配慮した重要な理由があるのだろうか？

マミコ　道徳的な理由です。自分のコミュニティからお金がないことによって死んでいく人間を出してはいけない。これが人類の目的、やるべきことだと思います。義務だと思います。

サンデル　人類への義務、あるいは適切な生き方というのは、誰にとってもそのために進んで犠牲を払うということだというのだね。医療を受けることができないほど、あるいは食べるのに困るほど絶望的に貧しい人がいない社会をつくるために。

「自分で稼いだものをどう使うかは自分で決める」という人たちよりも、進んで犠牲を払う人々は善い人たちだと思うかい？

マミコ　はい、そう思います。

サンデル　ほかの人への義務を認識して、進んで犠牲を払う善い人々なのだね。いいだろう！　どうもありがとう。一連の質問、イチロー、教師、オバマ大統領の給料や富の分配について意見を言ってくれた君たち。

さて、この議論の中で、私たちは少なくとも正義についての最初の二つの考えが出てくるのを見てきた。

まず、裕福な人から貧しい人への再分配に賛成する功利主義の議論を聞いた。金持ちに巨額の富を残しておくよりも幸福が増加するだろう。これが功利主義の議論だ。

そして、正義の二つ目の伝統的な考えから、再分配について対立する二つの意見が出た。その伝統とは、人間の尊厳と選択の基本的権利を重視するものだ。

そのうちの一つは、課税を強制と考えるリバタリアンだ。リバタリアンは、自律の基本的権利、選択する権利は、自分の財産や稼ぎをどうするかという決定権も含んでいると解釈する。

その権利があまりに強力なので、国家が最下層の貧しい人を助けるために人々を強制し、税金を払わせることは間違っているというのだ。

それに対して、人間の尊厳の伝統と自律と選択の尊重というカント的な考え方に訴えて、リバタリアンの権利の解釈を退ける人もいる。ちょっと待って、生命に対する権利と財産に対する主張の間には違いがあるというのだ。財産はお金であり、生命そのものではない。

そしてイチローがこれだけのお金を稼ぎ、オバマが大統領になったのは、チャンスを与えてくれた社会のおかげだと指摘した人もいた。したがって彼らは、その社会に暮らすすべての人を、少なくともまっとうな生活水準まで支えるという借り、責務があるのだ。

だから、所得の再分配の問題に関して、人間の尊厳の倫理と基本的権利が導くところに二つの対立する意見がある。

そして、美徳に注目するという三つ目の考え方については、今、善い性格についてマミコの議論を聞いたところだ。

善い性格とは、貧しい人々に分け与える倫理や自己犠牲の倫理を持つことである。

そして、貢献についての議論が出た。貢献の道徳的な価値は、実際、オバマのほうがイチローよりも大きいと論じられた。したがって、イチローの稼ぎはもっと少なくてよく、オバマはもっと稼ぐべきだという議論だった。私たちの多くが野球ファンであっても、オバマがしていることは道徳的に野球よりもっと重要だからだ。

これが、正しい所得の分配の考え方として、貢献の道徳的価値を物差しにする考えだ。だからこれは、公正な分配の根拠を、美徳や善や仕事の道徳的重要性に置く正義の三つ目の伝統に関連している。

君たちに正義についての問題の最後の例を出したい。お金や所得や富の分配ではなく、高等教育、最高学府への進学は誰に認められるべきものかという問題だ。ここで仮説的な問題を考えてみよう。

東大の入学資格をお金で買えるか?

サンデル 東京大学は入試の成績で、ほとんどの学生の合否を決めるとする。入試ではまずまずだがトップレベルではなく、入学すれば授業で合格点を取ることはできるけれども、そのままでは合格ラインに届かない志願者がいたとする。しかし、東京大学の入試事務局は、この志願者の両親は非常に裕福で、大変な慈善家であることを知った。

　自分の子供が合格したら東京大学に新しい図書館や新しい科学実験室を作るために五〇〇〇万ドル（＝約四四億円）寄付する用意があるという。

　お金が余ったら、暑い日のために東大に新しいプールもできるかもしれない。その学生を合格させれば、皆のためになる。皆の教育が改善する。

　君たちの中のどれだけが、東大がすべき正しいことはそのお金持ちの親を持つ一人の学生を入学させることだと思うだろう？

　アキラ、君は手を挙げてないね。我らが功利主義者はどうしたのだろう？（場内笑）君が手を挙げたのを見なかったが。

アキラ　私は功利主義の立場に立っても、これは認められるべきではないと思います。なぜなら……（場内笑・拍手）。

サンデル　君はそう思わないのかい？　皆のためになるだろう。もっといい図書館に、もっといい実験室だ。君は図書館を使わないのかい？（場内笑）

アキラ　でも助かるのはその学生だけであって、社会の公正さが害されるので、その不公平のほうが大きいと思います。それに、東京大学は公立学校だということを忘れてはならないと思いますし……（場内笑）。公立学校ということは、当然その公然性とか平等性が重視されると思います。そのような公正さ・公平性を害して裏口入学を認めることは（場内笑）、極めて不利益なことだと思います。だから認めるべきではないと思います。

サンデル これが一億ドル（＝約八八億円）だったらどうかな？（場内笑） 君は功利主義者だ。金額を釣り上げれば、君を納得させられるかな？

アキラ 金額が大きくなればなるほど、不正の度合いが大きくなるので、認められるべきではないと思います。

サンデル いいだろう。じゃ、これは不公正だ。東大が入学させるのは間違っていると思う人は？ ほとんどだね。

では誰か、これを擁護する人？ 五〇〇〇万ドルや一億ドルなら入学させる。問題ないという人は？ 理由を教えてくれないか。

ヨンジュ その学生が頭が悪くて授業についていけないという程度ではなくて、しっかりとパスできる水準であるし、もう一人を受け入れることによって、優秀な一人の学生が入ってこられなかったというわけではないので、この場合は認められると思います。程度の問題だと思うんですけれど。その制度を不正な形ではなく、しっかりとした制度にまとめて設けておくのならいいのではないかと思います。

サンデル　君は問題ないと考えるのだね。名前は？

ヨンジュ　ヨンジュです。

サンデル　ヨンジュ、二人のとても優秀な学生がいて、どちらの両親も五〇〇〇万ドル寄付したいとしよう。君が二人を合格させれば、一億ドルをもらってたくさんいいことができる。これはどうかな？　君は二人を採るだろう？

ヨンジュ　全学生は何人ですか？

サンデル　毎年、およそ三〇〇〇人が入学するのではないかな。そんなところだ。

ヨンジュ　それなら　私は二人くらいはオーケーです（場内笑）。

サンデル　君はたぶん、三人でも四人でも問題ないだろう（場内笑）。三〇〇〇人もいるのだから。

ヨンジュ　すみません、線は引けません。

サンデル　いいだろう。結構だ。しかし、君は何人か入学させるんだね。

さあ、ヨンジュに反対の人は？　少数の人数をこのように入学させられる枠があるとしよう。親が東大に五〇〇〇万ドル寄付するなら誰でも入学させる。これなら公正だろう？　後ろの人。

コウイチ　大学でレベルの高い教育を受けるというのは、そこにいくまでにどれだけ勉強してきたかという、努力に対する見返りという考えが一般的だと僕は思っています。それに関して言うと、お金があるから大学に入っていい授業を受けることができ、お金がない人は大学に入れないというのは、すごく不公正な感じがします。

サンデル　君の名前は?

コウイチ　コウイチ。

サンデル　コウイチはいくつかの入学枠を売るのは不公正だという。というのも、テストの成績、学業成績によって入学させるのは、一生懸命勉強した彼らの努力への報いだからだ。これが不公正だという理由だ。

コウイチに反対意見がある人は?　どう思う?

男性　はい。大事なのは動機であったり、その目的だと思っています。大学の目的は学問を追究することと、広く教育をすることだと思います。高いレベルの教育をするためには、それに対応する学力が必要だからその試験をしているのであって、寄付金であったり金銭でパスを買うという発想は、目的に合っていないからおかしいと思います。

サンデル　よろしい。では、大学の目的は学問や科学、学術の卓越性で一般に貢献することにある。だから、コウイチが言うような個人の努力の見返りとして入学を考えるべきではないというのだね。君はどう思う？

リョウタ　たとえば東京大学に実際に入っている学生たちの親の年収を見てみると、非常に高いものがあります。だから、学力でジャッジするのが公正で、金銭的な親の所得は関係ないといいますが、実際には親の年収であったり、経済的な支援がすでに加味されている現実があることも考えなければならないと思います。

サンデル　それは面白い。そのまま。君の名前は？

リョウタ　リョウタです。

サンデル　リョウタ、東大の学生の家庭の過半数は、年間一〇万ドル（＝約一〇〇〇万円）以上の収入がある。平均所得よりもはるかに高いのだ。

入学枠を裕福な人に売るという仮説は、ほとんどの人が拒否した。しかし、それを脇に置いたとしても、君は、自分の努力だけが入学につながるのではないと主張しているのだろうか。富もすでに一役買っていると言っているのかい？

リョウタ　私としては、いろんな尺度があっていいと思います。そこには学力で非常に努力してパスした人もいれば、経済的な形で他の人たちに貢献する人もいるでしょうし、学力以外の部分でタレントを持っている人たちもいるでしょう。それらの人々が集《つど》い合って、自分の持っているものでお互いに貢献し合うことが、大学それ自体、また社会経済、文化の発展につながる大学の役割だと考えます。

サンデル　君はこのことを不公正だと思うだろうか？　つまり、大学の入学審査が間接的にであっても、裕福な家庭の出身者に有利に働くのは不公正だと思うかい？　これは日本と同様、アメリカでも実際に起こっていることだ。君はこれは不公正だと思うだろうか？

リョウタ　不公正だとは思いません。というか、それが現実社会だというふうに思います。私はリアリスティックに物事を考えるタイプなので。

サンデル　アメリカでは日本と同様に、大学に入る人の経済的環境と人口全体の平均的経済環境には違いがある。

私たちはここで、経済的な不平等について、どのような所得と富の格差が不公正なのか。社会が公正であるためには生活のどんな点で、どの程度の平等が求められるのか議論してきた。

こういった非常に現実的な問題を議論する過程で、私たちは最初に述べた三つの正義の理論の道徳的力や、またそれらが直面している課題について見てきた。

それぞれは、幸福の最大化であり、人間の尊厳や、権利や自律の尊重であり、美徳の促進や、目的からの考え方や、それに伴う美徳を解明し善を促進することである。

私たちは高等教育への入学の分配の基準についても、イチローが学校の先生の四〇〇倍稼ぐことの公正さについても意見が一致することはなかった。

しかし、私たちは議論を始め、哲学の大きな考え、三つの違う正義の概念が存在することを突きとめることができた。難しい道徳的・政治的問題について、ふだん私たちが行なう議論や信念の中に、その存在を意識していなくても、見つけることができたのだ。

私たちは、正義や権利や共通善という大きな問題に取り組むのは、決して哲学者だけの仕事ではないことを示したと思う。こういった問題に取り組むのは、市民たることの一部なのだ。どうもありがとう（場内拍手）。

本書は、二〇一〇年十月に早川書房より単行本として刊行された作品を文庫化したものです。

ＮＨＫ『ハーバード白熱教室』制作スタッフ

構成

飯塚純子　山田通弘　鳥居なな

翻訳

杉田晶子　Next Key

制作統括

渡辺一巧　寺園慎一

制作

ＮＨＫ／ＮＨＫエンタープライズ

（オリジナル版；WGBH Boston and
Harvard University）

ＮＨＫ『ハーバード白熱教室＠東京大学』制作スタッフ

演出・構成

飯塚純子

翻訳

杉田晶子

制作統括

宮坂佳代子　寺園慎一

制作

ＮＨＫ／ＮＨＫエンタープライズ

協力

国立大学法人 東京大学

東京大学 大学総合教育研究センター

監訳・解説

小林正弥（千葉大学法経学部教授）

HM=Hayakawa Mystery
SF=Science Fiction
JA=Japanese Author
NV=Novel
NF=Nonfiction
FT=Fantasy

ハーバード白熱教室講義録《はくねつきょうしつこうぎろく》＋東大特別授業《とうだいとくべつじゅぎょう》
〔上〕

〈NF378〉

二〇一二年二月十日 印刷
二〇一二年二月十五日 発行
（定価はカバーに表示してあります）

著者 マイケル・サンデル
訳者 NHK「ハーバード白熱教室《はくねつきょうしつ》」制作《せいさく》チーム
小《こ》林《ばやし》正《まさ》弥《や》
杉《すぎ》田《た》晶《あき》子《こ》
発行者 早川浩
発行所 株式会社 早川書房
郵便番号 一〇一 - 〇〇四六
東京都千代田区神田多町二ノ二
電話 〇三 - 三二五二 - 三一一一（大代表）
振替 〇〇一六〇 - 三 - 四七七九九
http://www.hayakawa-online.co.jp

乱丁・落丁本は小社制作部宛お送り下さい。
送料小社負担にてお取りかえいたします。

印刷・中央精版印刷株式会社 製本・株式会社明光社
Printed and bound in Japan
ISBN978-4-15-050378-9 C0110

本書は活字が大きく読みやすい〈トールサイズ〉です。